教育信息化与
职业教育深度融合分析

张琼宇 ◎ 著

吉林出版集团股份有限公司

图书在版编目（CIP）数据

教育信息化与职业教育深度融合分析 / 张琼宇著
. — 长春 ：吉林出版集团股份有限公司，2022.7
　ISBN 978-7-5731-1661-1

　Ⅰ．①教… Ⅱ．①张… Ⅲ．①职业教育－信息化－研
究 Ⅳ．①G710

中国版本图书馆 CIP 数据核字 (2022) 第 115466 号

教育信息化与职业教育深度融合分析

著　　　者	张琼宇
责任编辑	曲珊珊
封面设计	林　吉
开　　　本	787mm×1092mm　　1/16
字　　　数	210 千
印　　　张	9.75
版　　　次	2022 年 7 月第 1 版
印　　　次	2022 年 7 月第 1 次印刷
出版发行	吉林出版集团股份有限公司
电　　　话	总编办：010-63109269
	发行部：010-63109269
印　　　刷	北京宝莲鸿图科技有限公司

ISBN 978-7-5731-1661-1　　　　　　　　　　定价：65.00 元

前　言

人才兴国，实业兴邦。随着我国工业化建设的开展，我国需要大量高素质的技能型人才，职业教育发挥着越来越重要的作用。因此，国家要大力开展职业教育，将教学与生产劳动相结合，努力提高劳动者素质；同时，还要与教育信息化相结合，紧跟时代潮流，努力提高职业教育的信息化水平。教师在授课过程中应用信息化的授课手段，让学生提高对学习的兴趣，努力推动信息化与职业教育的深度融合，为实现社会主义现代化提供更多的高素质技能型人才。

当前我国已经进入互联网时代，互联网的影响已经涉及我国的各个领域，大众的生活都发生了巨大的变化，当然我国的教育行业也是如此。而职业教育作为社会发展的产物，为社会提供了大量的技能型人才，对社会生产力的发展具有重要的推动作用。因此，将教育信息化与职业教育进行融合更利于国家对人才的培养，更有利于我国教育事业的发展。

本书从职业教育现状入手，分析了教育信息化与职业教育深度融合的策略。首先分析了教育信息化与信息化教育的相关问题，包括教育信息化的内涵、发展、教育改革以及教育信息化的实现方法等；其次阐述了职业教育信息化基础、职业教育信息化教学模式以及国内外职业信息化状况；最后重点探讨了教育信息化资源在职业教育中的应用以及教育信息化与职业教育深度融合研究。

另外，本书在撰写过程中参考了一些专家的学术成果，在此对相关作者表示感谢。限于笔者的学识与经验，书中浅陋之处在所难免，笔者诚恳地期待专家、同行和广大读者的批评指正。

目　录

第一章　教育信息化与信息化教育

　　教育信息化是伴随着信息技术的飞速进步和信息社会的到来而出现的，是国家信息化的关键和重要组成部分。教育信息化包括教学环境的信息化、教学资源的信息化、教学思想与教学模式的信息化、教学管理的信息化以及教学评价的信息化等内容。在经历了起步阶段的基础设施建设和初步发展阶段的信息技术应用之后，目前已经基本实现了信息技术在学科教学中的运用，未来教育信息化的目标将更加关注信息技术与学科课程的深度有效融合，以便更好地发挥信息技术对学科教学的促进作用。同时，教育信息化也对课程与教学改革产生了重要影响，而教育改革的深入推进又对教育信息化提出了新的要求。因此，只有正确地认识和处理教育信息化与教育改革之间的关系，才能稳步推进教育信息化与教育改革的进程。20 世纪末以来，以计算机技术、网络技术和通信技术的快速进步为代表的信息化正在引发当今世界的深刻变革，并重塑了世界经济、政治、文化、社会和军事等发展的新格局，同样也引发了教育领域的重大变革。这不仅体现在人类学习方式、思维方式的改变上，还表现在课程的表现形式、课堂的教学组织形式以及学校的管理方式、教学评价方式和教育管理模式的变化上。教育信息化作为以信息技术变革学校教育的体现，它是一个促进学校教育变革、提高学生信息素养、推动教育现代化的漫长过程，需要在与教育改革的有机结合中相互促进且不断走向深入。

第一节　教育信息化的内涵

　　我国 1997 年召开的首届全国信息化工作会议中曾提出，"信息化是培育、发展以智能化工具为代表的新的生产力并使之造福于社会的历史过程"。2006 年公布的《2006—2020 年国家信息化发展战略》中又进一步指出："信息化是充分利用信息技术，开发利用信息资源，促进信息交流和知识共享，提高经济增长质量，推动经济社会发展转型的历史进程。"教育信息化是信息化在教育中的体现，也是国家信息化的重要组成部分之一。同时，它还肩负着培养信息化新型人才的重任，是最终实现国家整体信息化的主要途径。

一、教育信息化的概念

"信息化"的概念是在近半个世纪的时间里经过"知识产业""信息经济""信息产业""信息社会"等一系列概念发展演变而来的，教育信息化则始于 20 世纪 90 年代，是随着美国"国家信息基础设施"计划而出现的。因此，"教育信息化"的概念从一开始就与信息通信技术保持着密切的联系。1999 年 6 月，《中共中央、国务院关于深化教育改革和全面推进素质教育的决定》中提出要"大力提高教育技术手段的现代化水平和教育信息化程度"，这是政府文件中首次提出教育信息化的概念。可以说，"教育信息化"一词蕴含着东方语言的思维，西方国家通常将其称为电子教育、信息化教育（E-education）、信息化学习或者电子学习（E-learning）。目前，学术界对这一术语的讨论众说纷纭，却没有形成统一的界定，归结起来可以分为宏观、中观和微观三个层面。

在宏观层面上，教育信息化强调将信息技术作为促进适应信息社会对人才培养需求而进行学校教育改革的推动力量，是现代学校教育体系的重要体现。例如，黄荣怀等人曾指出，"教育信息化是在教育领域全面深入地运用现代化信息技术来促进教育改革和教育发展的过程，其结果必然是形成一种全新的教育形态——信息化教育"。在中观层面上，教育信息化不仅关注信息技术对学校教育改革的推动作用，同时也指出了信息的应用方式，即强调现代信息技术在学校教育中的应用。例如，何克抗将教育信息化理解为"信息与信息技术在教育、教学领域和教育、教学部门的普遍应用与推广"。另外也有学者将教育信息化理解为"将信息技术充分整合并应用到教育系统之中，在一定程度上实现教育教学、组织管理、校园生活服务等活动的数字化、网络化、虚拟化，从而提高教育的质量和效率，并形成适应信息社会要求的新型教育模式"。在微观层面上，教育信息化主要强调将信息技术视为学校课程与教学改革的工具，并以此来促进学生的信息素养及各项能力的发展，关注信息技术在课堂教学中的应用。总体来说，教育信息化正随着信息技术的快速进步与学校教育改革的进行而逐步深化，其内涵也在不断地发生变化。

二、教育信息化的目标与内容

我国《教育信息化十年发展规划（2010—2020 年）》中明确指出了未来十年教育信息化发展的目标：基本建成人人可享有优质教育资源的信息化学习环境；基本形成学习型社会的信息化支撑服务体系；　　　　　　　　基本实现宽带网络的全面覆盖，教育管理信息化水平显著提高，信息技术与教育融合发展的水平显著提升。同时，该文件也针对这一目标的实现提出了八项任务：缩小基础教育数字鸿沟，促进优质教育资源共享；加快职业教育信息化建设，支撑高素质技能型人才培养；推动信息技术与高等教育深度融合，创新人才培养模式；构建继续教育公共服务平台，完善终身教育体系；整合信息资源，提高教育管理现代化水平；建设信息化公共支撑环境，提升公共服务能力和水平；加强队伍建设，增强信息化应用与服务能力；创新体制机制，实现教育信息化可持续发展。教育信息化以运用现代信息技术为基础，以促进教育改革和发展为目的，同时还肩负着信息化人才培养的重要使命，是实现国家信息化的关键，其最终目标是实现教育现代化和教育的跨越式发展，并培养现代社会需要的综合创新型人才。

教育信息化是一个动态发展的过程，其主要动力和直接目的是现代信息技术在教育中的广泛应用，即有效地运用技术的网络化、数字化、智能化和多媒体化等特点实现教育资源的开放共享与学习者之间跨越时空限制的交互和协作。总体来看，教育信息化的内容主要包括以下几个方面：①教学环境的信息化，既包括课堂教学中的信息化设备，也包括实验室、图书馆等学习场所教学设施的信息化和网络化。②教学资源的信息化，即通过开放教育资源的建设丰富教育信息资源库，实现各地优质教育资源的免费共享与均等化。③教学思想与教学模式的信息化，即综合运用行为主义、认知主义、建构主义和人本主义等多种学习理论，构建适合信息化教育需要的教学模式，充分体现人本化、个性化的教学理念，更好地促进学生发展。④教学管理的信息化，即通过构建教师和学生信息管理的数据库，并利用现代信息技术进行学校的常规管理、人事管理、基础设施管理等，规范学校管理秩序。⑤教学评价的信息化，包括对教师和学生两方面评估的信息化，即充分利用信息技术进行评估数据的采集、传输、处理和分析，提高评价的科学性与准确性。

第二节　教育信息化的发展

教育信息化作为国家信息化在学校教育中的体现，是伴随着信息技术的快速发展与广泛普及而提出的。1993 年，美国政府正式提出了建设国家信息基础设施（National Information Infrastructure，NII）的计划，即"信息高速公路"计划。该计划明确指出了美国信息基础设施建设的总体目标，标志着美国国家信息基础设施计划正式启动，同时也强调了信息技术在教育中的应用。从此，信息技术进入美国学校教育的步伐迅速加快。美国的这一举措也引起了世界各地的积极响应，各国政府纷纷开始制订推进本国教育信息化的计划。美国"信息高速公路"计划也因此成为教育信息化的开端。到目前为止，教育信息化大概经历了以下几个阶段。

一、教育信息化的起步阶段——注重基础设施建设

从 20 世纪 90 年代初开始一直到 90 年代末是教育信息化发展的起步阶段。这一阶段的主要特点是关注教育信息化所需的软件、硬件基础设施建设，包括多媒体教室、校园网、区域教育网及国家教育网等。1995 年，英国政府提出 "教育高速公路：前进之路" 计划。该计划尝试将英国 32000 所中学、540 所大学、4300 座图书馆和 360 家学术机构联网，并让每所中小学都拥有先进的计算机和各项教学软件。1996 年，美国克林顿政府制订了第一个国家教育技术计划，指出将信息时代的威力带进美国的所有学校，要求到 2000 年使每间教室和图书馆都能够联通国际互联网，确保每个儿童都能够用上现代多媒体计算机。我国国家教委也在 1996 年发布了《中小学计算机教育五年纲要（1996—2000 年）》，其中指出了到 2000 年我国中小学计算机教育发展的目标，并分别对城市和县镇各级学校的计算机配置比例做出了具体规定。总体来说，这一阶段的教育信息化主要强调基础设施的建设，而对其在课堂教学中的应用研究还相对较少。

二、教育信息化的初步发展阶段——关注信息技术在教育中的应用

20 世纪 90 年代后期开始，人们关注的焦点逐渐从软件、硬件基础设施的建设转向对信息技术支持教育教学的探索，包括学校教育、教学、行政管理等平台的建立及各类教育资源的开发。在这一阶段的初步发展之后，人们逐渐意识到要实现教育信息化的健康稳定快速发展，关键是要真正发挥其促进教学环境改进与教学质量提升的作用。因此，越来越多的人开始探索信息技术与课程整合的模式，以期为信息技术在教育中的应用提供理论支持。1995 年美国圣地亚哥州立大学的伯尼·道格（Bernie Dodge）和汤姆·马奇（Tom March）首先创立了 Web Quest 课程，并得到了很大范围的推广。随后又有学者提出了实时教学（Just-in-Time Teaching，简称 JITT）模式，以期发挥学习者的主体地位并提高他们的自主学习能力。然而，这两者都属于信息技术在课前或课后的应用，即属于课外教学模式，并没有对信息技术在课堂教学中的应用带来很大改观。可以说，这一阶段人们已经开始探索应用信息技术改善教学和学习效果的方法，但尚未实现其与课堂教学的有效整合。

三、教育信息化的快速推进阶段——信息技术与课程整合

进入 21 世纪以后，人们逐渐意识到，要深入推进教育信息化，充分发挥信息技术

对教与学的促进作用，就应该将信息技术与教学的课外整合转变为课内整合，即实现信息技术与课堂教学和学科课程的有机整合。2003 年秋，美国国家科学基金会启动了"运用信息技术加强理科学习"（Technology Enhanced Learning in Science，TELS）项目，目的是通过理科课程设计、教师培训、评估和信息技术支持等方面的努力来促进信息技术与理科教学的有机整合，以提高学生的理科学习成绩，最终达到利用信息技术促进理科教学的目的。以 TELS 项目为代表的信息技术与课程整合活动将 Web Quest 这种基于网络的探究性学习引入课堂教学，实现了学生学科基础知识学习与自主学习能力、创新能力、问题解决能力提升的有机结合，对提高课堂教学质量并促进学生全面发展具有重要意义。这一阶段将关注的焦点从信息技术与课外学习的整合转向信息技术与课堂教学的整合，并实现了课外整合与课堂教学的有机结合，推动了教育信息化的快速发展。

四、教育信息化的未来发展趋势——深度有效融合与创新应用

目前，信息技术与课程的整合尚处于初级阶段，即信息技术在教育教学中流于一般的技术应用，并没有实现与教育教学的深度有效融合。然而，要体现信息技术对学校教育的革命性影响，不应该仅仅将其局限于为教育教学提供新的技术支持和资源拓展，更要推动教育模式与教学方法的变革，为教育发展带来新的理念和动力。联合国教科文组织将教育信息化的过程分为起步、应用、融合和创新四个阶段。目前，我们已经实现了信息技术在课堂教学中的应用及其与学科课程的初步整合，未来应该更加关注信息技术与学科课程的深度有效融合与创新发展。也就是说，未来教育信息化的发展趋势为将信息技术深度有效地融入教育教学的全过程，并利用现代信息技术构建新型学习环境、创新教学模式与方法，实现以知识传授为主的教学方式向以能力与素质培养为主的教学方式的转变。

第三节　教育信息化与教育改革

总体来看，我们可以将教育信息化视为教育现代化的一个重要组成部分，教育信息化关注的是信息社会这一大背景下学校教育的未来改革与发展趋势。教育信息化绝对不是简单地表现在技术层面上，它是一个包含诸多侧面与环节的系统工程。目前，计算机技术、数字通信技术和网络技术等已经得到了快速发展并实现了有效融合，使现代教育技术对学校教育的支持逐渐从单向的电化教学转向双向、多样的交互式计算机、多媒体与网络教学，为课堂教学提供了新的手段。

一、教育信息化对教育改革的促进作用

1. 教育信息化是国家信息化与教育现代化的必由之路

一方面，教育信息化是国家信息化的重要组成部分，同时也是实现国家信息化的重要途径，教育信息化肩负着信息化人才培养的重要使命，推动着信息基础设施的不断更新与发展。另一方面，教育信息化是教育现代化的重要内容，也是教育现代化的关键，没有教育信息化就不可能实现教育现代化。在包括教育思想、教育内容、教育方法、教育技术手段和教育管理等各要素的现代化中，都离不开教育信息化的支持。2002年，江泽民同志在庆祝北京师范大学建校100周年的讲话中指出，要通过积极利用现代信息和传播技术，大力推动教育信息化，从而提高教育的现代化水平。2003年，时任教育部部长周济也在《大力推进信息化建设，实现基础教育的跨越式发展》的报告中指出，"推进教育信息化不仅是中国教育改革发展的必然选择，也是实现教育跨越式发展的重要手段和途径"。

2. 教育信息化是建设学习型社会，构建终身教育体系的重要保障

到目前为止，由于各地经济条件、教育水平和教育规模等方面的差异导致的区域之间的教育差距仍然非常明显，教育信息化的深入推进能够有效促进各地教育资源和教育机会的均等化。同时，教育信息化发展为我们带来的丰富的学习资源和多样化的网络学习平台，将时时学习、处处学习、人人学习变为可能。这样，学习者就可以在摆脱时空限制的情况下进行自主学习，进而满足他们的不同学习需求。因此，教育信息化能够在提供多样化学习资源和均等化学习机会的基础上，推动学习型社会的建设，并有效促进终身教育体系的构建。

3. 教育信息化是素质教育实施和创新型人才培养的重要推动力量

具备广博的知识储备、富有创新精神和创造能力且能够独立思考并解决问题的创新型人才是当前教育改革对学校素质教育实施和人才培养提出的新要求，教育信息化则能够起到有效的推动作用，其主要表现在三个方面：①教育信息化可以通过多媒体、虚拟现实、超文本和远程信息传递等手段提供多样化的软件、硬件支持，为教师的课堂教学和学生的自主学习创造良好的环境；②多种学习平台的搭建和多样化学习资源的共建共享推动着多媒体教学和在线学习的不断发展，使促进学习者个性化发展的个别化学习和跨越时空限制的协作交流成为可能；③学习者可以在信息技术的支持下通过资源的获取、收集、处理和利用等实现问题的有效解决，以促进自身知识面的拓宽及独立思考能力与创造性思维能力的发展。

实际上，教育信息化与教育改革之间的作用是相互的。一方面，教育信息化的深入推进为学校教育注入了新的理念，也为教师教学形式的丰富和教学观念的更新创造

了条件，为课程改革的进行提供了动力支持。另一方面，教育改革的逐步推进也在促进着教育信息化的不断深入，并促使其逐渐实现了从强调软件、硬件基础设施建设到关注信息技术在教学过程中充分应用的重要转变。同时，为实现教学方式与学习方式的革命性变革，教育改革在深入推进的过程中也对教育信息化提出了新的要求。

二、教育改革对教育信息化提出的新要求

1. 正确认识教育信息化的战略地位，并对其进行统筹安排与总体规划

教育改革是一个长期、系统的工程，它是分阶段稳步推进的，因此需要系统安排与总体规划。与此同时，为教育改革提供持续动力支持的教育信息化也需要稳步发展。目前，教育信息化的程度正在不断加强，但要保证它的长期稳定持续推进，就需要对其战略地位形成正确的认识，认清教育信息化在教育改革进程中发挥的作用并了解目前存在的问题，在此基础上对未来的教育信息化发展进行统筹安排与总体规划，为教师、学生和教育行政人员提供最佳的信息技术支持，奠定教育改革持续稳步推进的扎实基础。

2. 建成长效投入保障机制，完善协调与管理体制

充足的资金供给是庞大教育系统内部信息基础设施正常运行、及时维护、升级与更新的重要保障。但是，如果政府已经投入了大量资金却缺乏健全的投入保障机制，那么就会降低资金分配和软件、硬件建设与维护的合理性，影响教育信息化的进程，也会影响其对教育改革的促进作用。同时，各级各类教育行政部门、学校的信息化建设与管理部门的合理分工及统一管理也是保证教育信息化全面、协调、可持续发展的关键。因此，协调与管理体制的建成及完善成为教育改革对教育信息化新要求的重要方面。

3. 完善基础设施建设，加强人才队伍建设

目前，教育信息化基础设施建设仍然存在不均衡的问题，尤其是西部及农村地区的信息化基础设施还相对落后，这样不仅会加大数字鸿沟，进一步扩大不同地区、类型学校教育之间的差距，也会影响教育改革的顺利进行。因此，要进一步完善各地区学校的基础设施建设并提高其应用效率。同时，目前信息化人才队伍建设与教育信息化发展需求之间还存在一定的差距，要保证教育信息化对教育改革的推动力量，就需要加强专业化人才建设，以弥补信息化人才队伍短缺的问题，尤其是要完善教师队伍的知识结构并提高其信息素养，使他们适应信息技术迅速更新的特点，更好地应用信息技术开展课堂教学活动，以满足教育改革的新要求。

4. 实现与教学实践的深度有效融合，提高信息技术的应用水平

教育改革的最终目的就是通过改变当前教育中存在的问题来更好地促进学生的发

展，因此要充分考虑紧密联系学生发展的课堂教学实际。同样，要实现教育信息化对教育改革的促进作用，也应该从利用信息技术促进教师的教和学生的学入手。一直以来，人们都在关注信息技术在教学实践中的有效应用，但仍然局限于技术的应用层面，并没有实现其与课堂教学的深度有效融合，这样就不能很好地发挥信息技术对教与学的促进作用。总体来说，新时期的教育改革需要实现信息技术与课堂教学实践之间的深度有效融合，以促进教学模式的创新与学习方法的改变，从而更好地推动教育改革的进一步深化。

第四节　教育信息化的实现方法

一、智慧校园网是实现教育信息化的有效方法

（一）智慧校园概述

"智慧校园"作为一种崭新的理念，目前还没有定论。但是国内外学者从多个角度不断进行理论研究，并且结合实践探索，提出了一系列的概念和建设思路。例如，浙江大学信息化"十二五"规划，提出建设一个"令人激动"的智慧校园，这种智慧校园支持无处不在的网络学习，融合创新的网络科研、透明高效的校务治理、丰富多彩的校园文化、方便周到的校园生活。南京邮电大学完成了一个相对完整的智慧校园规划，且认为智慧校园的核心特征主要反映在三个层面：一是为广大师生提供一个全面的智能感知环境和综合信息服务平台，提供基于角色的个性化定制服务；二是将基于计算机网络的信息服务融入学校的各个应用与服务领域，实现互联和协作；三是通过智能感知环境和综合信息服务平台，为学校与外部世界提供一个相互交流和相互感知的接口。

在理论研究上，黄荣怀从数字校园的建设进程角度提出数字校园的"四代"建设观。他认为第四代数字校园（智慧校园）能够有效支持教与学，丰富学校的校园文化，真正拓展学校的时空维度，以面向服务为基本理念，基于新型通信网络技术构建业务流程、资源共享、智能灵活的教育教学环境。有研究者强调物联网技术在智慧校园建设中的作用，如沈洁等人认为，智慧校园是一种将人、设备、环境、资源及社会因素，在信息化背景下有机整合的一种独特的校园系统，它以物联网技术为基础，以信息的相关性为核心，通过多平台的信息传递手段提供及时的双向交流平台，简单地说，就是更智能的学校；周彤等人认为，智慧校园是以物联网为基础的智慧化的校园工作、学习和生活一体化环境，这个一体化环境以各种应用服务系统为载体，将教学、科研、

管理和校园生活进行充分融合。有研究者认为，智慧校园是各种技术的综合应用；也有研究者认为，智慧校园的建设不仅仅是物联网技术的应用，那只是感知部分，应更多考虑技术的特点，突出应用和服务。

综合以上观点，"智慧校园"系统兼有技术、教育和文化等多重属性，具有以下几点特征：

（1）环境全面感知。智慧校园中的全面感知包括两个方面：一是传感器可以随时随地感知、捕获和传递有关人、设备、资源的信息；二是对学习者个体特征（学习偏好、认知特征、注意状态、学习风格等）和学习情境（学习时间、学习空间、学习伙伴、学习活动等）的感知、捕获和传递。

（2）网络无缝互通。基于网络和通信技术，特别是移动互联网技术，智慧校园支持所有软件系统和硬件设备的连接，信息感知后可迅速、实时地传递，这是所有用户按照全新的方式协作学习、协同工作的基础。

（3）海量数据支撑。依据数据挖掘和建模技术，智慧校园可以在"海量"校园数据的基础上构建模型，建立预测方法，对新信息进行趋势分析、展望和预测；同时智慧校园可以综合各方面的数据、信息、规则等内容，通过智能推理，做出快速反应、主动应对，更多地体现智能、聪慧的特点。

（4）开放学习环境。教育的核心理念是创新能力的培养，校园面临从"封闭"走向"开放"的诉求。智慧校园支持拓展资源环境，让学生冲破教科书的限制；支持拓展时间环境，让学习从课上拓展到课下；支持拓展空间环境，让有效学习在真实情境和虚拟情境中都能得以发生。

（5）师生个性服务。智慧校园环境及其功能均以个性服务为理念，各种关键技术的应用均以有效解决师生在校园生活、学习、工作中的诸多实际需求为目的，并成为现实中不可或缺的组成部分。

（6）充分共享、灵活配置的教育云平台。智慧校园中所有数据的收集、存储、处理、服务必须是以教育云平台为基础，实现智慧校园中大数据的云计算处理，从而实现数据的快速处理和资源共享。建有教育云服务平台，能实现教育资源的按需动态分配和技术服务的充分共享。具有统一的教育资源建设标准和存储规范，能实现教育资源的高效检索和智能汇聚，能提供海量的优质教育资源，并与教学系统无缝对接，满足教学需求。

（7）蕴含教育智慧的学习社区。具有家校互通的沟通平台和学习社区，教师、学生、家长能够及时互动，分享教育经验与智慧；能整合各种社会力量，共同促进学生快速健康成长。

因此，智慧校园是指一种以面向师生个性化服务为理念，以教育云平台为基础，蕴含教育智慧的学习社区，能全面感知物理环境，识别学习者个体特征和学习情境，提供无缝互通的网络通信，有效支持教学过程分析、评价和智能决策的开放教育教学环境和便利舒适的生活环境。

（二）智慧校园的系统功能

智慧校园系统基于教育云平台构建，包括智慧校园管理系统、智能教学系统、移动学习系统、数字化实验系统、教育资源平台、智慧校园文化系统、家校通系统和数字图书馆系统。

1. 教育云平台

教育云平台是智慧校园的底层支撑，采用先进的虚拟化技术，利用硬件服务，构建了校区全新的、动态扩展的、分布式存储教育数据中心。

2. 教育资源平台

教育资源平台是七个子系统的接入口。通过整合各类学校的教学资源，建立了涵盖各学科的素材库、课件库、教案库、电子教材库、试题库、名师讲堂库、同步视频课堂库等优质的教学资源，实现了跨校共享。

3. 智能管理系统

智能管理系统以先进的物联网技术为基础，实现了校园进出人员身份管理、考勤管理、学校资产监控与数据泄密管理、办公管理、教学活动管理、教学设备管理、教务管理和安防管理智能化。

4. 智能教学系统

智能教学系统依托教学资源平台，为教师编写教案、制作课件、批改作业和辅导答疑提供智能化服务。该系统包括智能备课系统、互动课堂系统、辅导答疑系统、电子作业系统和综合评价系统五部分。

5. 移动学习系统

移动学习系统主要以电子书包、手机等移动学习终端为载体，基于统一的教育资源平台支持，实现任何时间、任何地点的个性化学习。该系统主要包括电子教材阅读、课堂笔记、课件下载和信息订阅、教学视频点播、作业下载和提交、辅导答疑、考勤信息和成绩查询、学习工具等。

6. 数字化实验系统

数字化实验系统主要由传感器、数据采集器、计算机、实验教学平台和多媒体互动投影系统组成。该系统实现了从实验数据采集、传输、处理到生成输出全过程的数字化，为学校师生创设了开放、协作的科学探究实验环境。该系统还具有实验教学管理、实验设备管理、实验室开放管理和实验成绩管理功能，并与智慧校园其他子系统无缝对接。

7. 家校通系统

家校通系统实现了家校沟通无障碍。老师和家长之间，可以直接使用家校通系统互动交流。譬如，学校向家长报告学生在校情况、发布通知、布置作业；家长查询学校的规章制度、课程安排，或与老师一起切磋教育心得等，十分便捷。

8. 智慧校园文化系统

智慧校园文化系统由校园多媒体信息发布系统、虚拟校园交互式演示系统和智慧学习社区三部分组成。校园多媒体信息发布系统以数字化方式展示学校形象与文化特色。虚拟校园交互式演示系统通过虚拟现实技术逼真再现校园的地形地貌、建筑物、绿化、运动设施及场地等，并可以在校园主页上以各种方式进行导览，展示学校形象。智慧学习社区整合了博客、QQ 等多种功能，为学生、教师和家长提供了一个便捷交流互动的平台，包括智慧讲坛、创意乐园、智慧活动、名师支招、智慧之星等，为广大教师交流教学经验、分享教学智慧，为学生分享学习心得、开展科技创新活动提供有效的支持。

9. 数字图书馆系统

数字图书馆系统是为了适应图书馆未来的发展要求，满足师范学校对馆藏资源充分共享、高效管理等方面的实际需求构建的。本系统包含了目前图书馆管理业务的每个环节，具备系统图书采访、图书编目、图书流通、期刊管理、公共查询、系统管理等功能，并与本区 e 卡通系统无缝对接，实现了成员馆馆藏资源的互借、互还和互通。

（三）智慧教育与智慧教室

1. 智慧教育

近年来，随着物联网、云计算、大数据、泛在网络等新一代信息技术在教育领域的应用推广，智慧教育被赋予新的内涵和特征，教育技术领域研究者纷纷从信息化视角对智慧教育概念进行了阐述。祝智庭教授在《智慧教育：教育信息化的新境界》一文中分析了信息时代智慧教育的基本内涵：通过构建智慧学习环境，运用智慧教学法，促进学习者进行智慧学习，从而提升成才期望，即培养具有高智能和创造力的人，利用适当的技术智慧地参与各种实践活动并不断地创造价值，实现对学习环境、生活环境和工作环境灵巧机敏地适应、塑造和选择。尹恩德从教育信息化带动教育现代化发展的角度出发，界定了智慧教育的概念：智慧教育是指运用物联网、云计算为代表的一批新兴的信息技术，统筹规划、协调发展教育系统各项信息化工作，转变教育观念、内容与方法，以应用为核心，强化服务职能，构建网络化、数字化、个性化、智能化、国际化的现代教育体系。金江军认为，智慧教育是教育信息化发展的高级阶段，是教育行业的智能化，与传统教育信息化相比，智慧教育表现出集成化、自由化和体验化三大特征。

2. 智慧教室

（1）智慧教室的概念与特征

智慧教室是为教学活动提供智慧教育应用服务的教室空间及其软硬件装备的总和。智慧教室是在物联网、云计算、大数据等新兴信息技术的推动下，教室信息化建设的最新形态。立足教学活动需求，提供智慧化的应用服务是智慧教室的核心使命，达成最优化的教学效果是智慧教室的终极目标。运用智慧技术，提供智慧化服务和功能，对智慧教室实现智慧管理，满足教学活动的高交互特性是智慧教室区别于以往多媒体教室和网络化教室的主要特征。

下面我们将从人性化、混合性、开放性、智能性、生态性、交互性六个方面详细阐述智慧教室的特性。

①智慧教室的人性化。智慧教室的使用主体是开展教与学活动的人，所以智慧教室的设计应更多地体现对于教室使用者即教学者与学习者的关注。在相应技术的支持下，在技术设计与应用上更多地体现以人为本的精神，如在教室设计方面应体现绿色环保和无障碍设计。无障碍设计也是智慧教室人性化特性的表现，通过标准化的设计，智能无障碍的课堂可以满足一些特殊人群学习者的需求。智慧教室的人性化还应体现在智慧教室能充分解放教师受到的教学技术的束缚，更多地关注教学过程本身。

②智慧教室的混合性。智慧教室的混合性主要体现在多种教与学活动的混合、正式学习与非正式学习的混合、虚拟课堂与真实课堂的混合上。智慧教室可以实现多种教与学活动的混合。

③智慧教室的开放性。智慧教室的开放性主要体现在课堂教学组织形式的开放及教学资源的开放上。

④智慧教室的智能性。智慧教室应是一个智能化的教室。智能性主要表现在智慧教室实际上是一个嵌入了计算、信息设备和多模态的传感装置的智能学习空间，教室各组成要素都具有自然便捷的交互接口，以支持教与学主体方便地获得智慧教室中计算机系统的服务。

⑤智慧教室的生态性。教育生态学是研究教育与其周围生态环境之间相互作用的规律和机理的科学。基于教育生态学的视角，智慧教室应是一种平等、和谐、开放的生态系统。课堂教学生态包括两大基本构成要素，即生命体——课堂教学生态主体和生命成长赖以发生的环境——课堂教学生态环境。课堂生态主体包括教师和学生。在课堂生命体和其生长环境所构成的生态关系中，作为主体的可以是个体，也可以是群体。多个教师个体可以组成教师种群，多个学生个体也可以组成学生种群，教师种群和学生种群可以共同组成师生群落，不同的师生群落（包括虚拟的和现实的）也可共同构成课堂生态主体。根据这些因子的不同性质可将其划分为物理生态因子、生命生态因子和人为生态因子等类别。它们所构成的物理生态环境、生命生态环境和人为生

态环境共同组成课堂教学活动赖以发生的课堂教学生态环境。而课堂生态环境与课堂生态主体之间、课堂生态主体内部各部分之间教师个体、教师种群、学生个体、学生种群、师生群落的相互影响和相互作用，则实现着彼此间的有机联系和物质循环、能量流动与信息流通，并共同构成课堂教学生态。

⑥智慧教室的交互性。互动是课堂教学的重要组成部分，也是有效课堂教学的体现形式之一。智慧教室的交互性主要体现在智慧教室中的教与学的过程，更多地体现为一种互动过程。这种互动包括教育者与学习者之间的互动，学习者与学习者之间的互动，教育者、学习者与教学资源、学习资源之间的互动，课堂教学主体与课堂设备之间的人机互动，现实课堂与虚拟课堂中的人、资源与设备的互动等。

（2）智慧教室的系统功能

智慧教室的功能要充分体现智慧教室的特性，智慧教室的系统功能主要由内容呈现系统、学习资源系统、实时记录系统、在线测试和评价系统及网络感知系统组成。这五个系统共用教室内的信息资源和各种软硬件资源，在完成各自功能的同时，相互联动与协调。

①内容呈现系统。内容呈现系统是智慧教室的重要部分，也是开展课堂教学的基础。设计良好的内容呈现系统可以提高教学内容的传递效果。内容呈现系统包括交互演示子系统、虚拟现实子系统，通常由黑板、交互式电子白板（双板）、移动终端、电子书包、虚拟设备等组成，其基本功能如下：

呈现教师的演示文稿、教学软件、操作过程等。

呈现学生移动终端或者电子书包上的内容、作品及操作过程等。

呈现教师与学习资源互动内容。

呈现教师与学生互动内容。

呈现学生与学习资源互动内容。

实现虚拟教学环境，模拟出现实物理环境不容易实现的虚拟教学环境。

②学习资源系统。学习资源系统包括学习资源存储、分发系统和教学过程录播系统。学习资源存储、分发系统将开发的资源放置在云端，师生可以在上课过程中实时同步课程资源，并保存教学过程中的生成性资源。此外，对于课堂教学过程，学习资源系统可实时录制并存储到云端。学习资源系统通常由电子书包、课堂教学资源、学习过程记录、云服务平台等构成，可实现以下功能：上传教师开发的教学资源、同步学生终端内的学习资源、录制师生上课过程、存储教学过程。

③实时记录系统。实时记录系统主要是在现在学校流行的录播系统上增加记录学生学习轨迹与教师教学轨迹的功能。教师对教学视频进行分析、反思教学过程、撰写反思日志，为教师教学决策和学生自主学习提供参考和有效数据支持。

④在线测试和评价系统。在线测试和评价系统主要包括教师可以利用即时反馈系

统在教学的过程中随机出题进行意见征集和应答反馈，以收集学生对某一具体内容和问题的观点或掌握情况，反馈结果可以及时呈现，便于教师及时调整自己的教学内容或过程。

另外，在课程教学之初和课程学习结束之时，可以利用在线测试系统，对学生的预习情况和本堂课程的学习情况进行测试，测试结果通过学习支持系统的后台运算，及时提供测试分析结果。

⑤网络感知系统。在物理环境中，智慧教室给教室主体提供了高交互的教与学设备，能够有效支持教室主体对于学习资源的获取、处理和呈现。智能环境控制则给教室主体提供了良好的外在环境，从光、温、声、背景音乐、空气质量等方面根据课堂的实时状态进行调节。创意空间布局则主要考虑给学习者提供更为人性化的桌椅设施，以及根据教与学活动的需要能够方便实施桌椅的组合，形成学习小组，以利于小组学习活动的开展。

二、翻转课堂、MOOC 和云平台等教学是教育信息化的关键

如果说小班研讨式教学还只是高等教育发展进入大众化和普及化阶段后，由精英人才培养的高等教育战略目标所引发的教学模式改革的话，它只是在教学实施过程中更高效地利用了互联网，为学生参与研讨提供了更多的信息和资料收集渠道，从而培养和提高了学生的研究性学习能力；那么，翻转课堂、微课与慕课就可以说是由互联网技术直接催生的一次高等教育的大变革，它们影响的不仅仅是高等教育的教学模式，甚至包括高等教育的各个参与主体的思维和行为方式。换言之，在翻转课堂、微课与慕课的教学实施过程中，教师与学生的思维和行为方式完全有别于传统的课堂教学，它们对提高学生的研究性学习能力以及相应的创新思维有着不可忽视的重要作用。

（一）翻转课堂式教学

翻转课堂，又称"反转课堂""颠倒课堂"，从教学组织的角度来看，就是教师利用现代互联网技术制作教学微视频将知识片段化，学生在课前观看微视频中教师对分层知识点的讲解，在课中通过师生之间和同学之间的互动来完成作业以将知识吸收内化，在课后学生可利用微视频进行复习巩固的教学形态。翻转课堂的最早实践者是美国人萨尔曼·可汗（Salman Khan），他于 2006 年开始将自己制作的教学视频逐段发布在 YouTube 网站上，并很快引起了关注。受其启发，科罗拉多州林地公园高中的两位教师乔纳森·伯尔曼（Johnson Bergmann）和亚伦·萨姆（Aaron Sam）进行了翻转传统课堂教学的尝试。从 2007 年春开始，他们把结合实时讲解和 PPT 演示的视频上传到网络，让学生在家中或课外观看视频，在课堂上与教师进行面对面的讨论和作业辅导。2011 年，萨尔曼·可汗及其所创立的可汗学院（Khan Academy）对翻转课堂教学

理念的传播和教学模式的推广起了里程碑式的推动作用，使翻转课堂在全美风行一时。在过去的两年间，华尔街日报、经济学人、纽约时报、华盛顿邮报等主流媒体都对翻转课堂给予高度的关注／积极的报道，加拿大的环球邮报将之评为 2011 年影响课堂教学的重大技术变革。国内学者周平（2015）对比总结出了"翻转课堂"与"传统课堂"的主要区别（表 1-1）。

表 1-1　传统课堂与翻转课堂的主要区别

教学环节	教学要素	传统课堂	翻转课堂
课前预习	目的	初步了解教师所布置的教学内容	学生掌握学习内容中的基本知识，基本完成学习要求；教师通过配套在线测试掌握学生学习情况，以便调整课堂上的各种教学活动，更有针对性地实施教学
	方式	自己阅读教材	观看微视频、阅读教材及其他资料
	指导	无	教师通过网络上的各种视频或聊天软件提供在线指导
	反馈	无	教师通过在线测试及时了解学生学习的结果
课中学习	目的	帮助学生理解所教内容	解决学生课前学习所产生的问题，引导学生更深刻地理解、总结和拓展所学内容，达到知识内化的目的
	内容	所布置的内容	解决学生预习后所出现的问题，对所学内容的深层理解和拓展
	方式	讲授为主	教师答疑和讲授、学生之间的各种写作形式
课后作业	目的	巩固理解	引导学生对所学内容进行反思和拓展，进一步内化所学内容
	方式	学生独立完成	学生独立完成或者协作完成
	指导	无	教师通过网络上的各种视频或聊天软件提供在线指导
	反馈	无	教师通过在线测试及时了解学生学习的结果
网络教学／学习平台		无须平台	需要网络教学／学习平台，用于发布学习资源、教学视频、在线测试及了解学生的反馈、即时统计测试结果等

接下来，我们将结合翻转课堂在国外的兴起与在国内的发展来探讨一下它给高等教育改革带来的机遇和挑战，以及一些值得反思的相关问题。

1. 翻转课堂在国外的兴起及其在国内的发展

早期关于"翻转式教学"的实践和研究主要是在美国高校进行，其特点在于重视师生互动。例如 20 世纪 90 年代，哈佛大学的物理教授埃里克·马祖尔（Eric Mazur）就对"翻转学习"开展了研究工作，将翻转学习与他创立的"同伴教学法"进行了整合：学生在课前看视频、阅读文章或运用自己原有的知识来思考问题，然后回顾所学知识，提出问题；教师在课前针对学生提出的问题进行教学设计和开发课堂学习材料；

在课堂上引发学生讨论,共同解决难题。美国富兰克林学院的罗伯特·塔尔伯特(Robert Talbert)教授针对传统教学把知识的消化吸收环节放在课后进行,不利于学生遇到难题时为其提供及时的指导的弊端,主张采用翻转式教学,把知识传授环节放到课前进行,而把知识吸收环节放在课内进行。这种翻转式教学取得了良好的教学效果。K-12学校的翻转课堂起源于美国的"林地公园"高中,两名化学教师在2007年首先实践了翻转课堂。为了帮助更多的教师理解和接受翻转课堂的理念和方法,林地公园高中在2012年1月30日举办了第一个翻转课堂开放日(Open House),向参观者呈现翻转课堂的运作情况和学生的学习状态。

可汗学院的"翻转课堂"被认为正式打开了"未来教育"的曙光,每段课程影片长度约10分钟,从最基础的内容开始,以由易到难的进阶方式互相衔接,教学用的是-S0电子黑板系统,其网站开发了一种练习系统,记录了学习者对每一个问题的完整练习记录,教学者参考该记录,可以很容易地得知学习者哪些观念不懂。翻转课堂带来了良好的教学效益,2012年6月美国教育咨询公司针对已经采用翻转课堂的453位教师进行的问卷调查报告显示,67%的受访教师表示学生在标准化考试中的成绩得到了提高,80%的受访教师认为学生的学习态度得到了改善。克林顿戴尔(Clintondale)高中在2010年对140名学生进行了翻转课堂教学改革试验,经过一个学期的学习,学生的学业成绩得到了大幅提高,各课程的不及格率(原先一直在50%以上)分别降低为:英语语言艺术33%、数学31%、科学22%、社会研究19%;两年后,校长格雷格·格林在全校范围内推广了翻转教学模式。可汗学院的事业得到了越来越多的社会认可,其规模也越来越大。视频教程的领域也在不断扩大,内容非常广泛,截至2014年12月,其视频教程被点击数已超过3亿次。

2013年2月26日,我国主流教育媒体《中国教育报》以一篇题为"一个人的网络教学震动了世界"的文章,全面评价了美国可汗学院的视频教学。文中没有使用"翻转"而采用"颠倒"一词,认为"颠倒的课堂"使教育者赋予学生更多的自由,把知识传授的过程放在教室外,让大家选择最适合自己的方式接受新知识;而把知识内化的过程放在教室内,以便同学之间、同学和老师之间有更多的沟通和交流。文章认为,可汗这种求真务实的价值取向,让我们看到了未来教育的方向和希望。但"翻转课堂"作为一种基于互联网信息技术的新型教学模式,早在数年前就已受到我国教育界的热切关注,进行了较深入、系统的探索与实践。据初步统计,从2010年开始,我国的研究者在中国学术期刊发表的与"翻转课堂"相关的文章已有千余篇,进行试点探索的高等院校有30余所。事实上,我国的教育专家和教育工作者在推介和实践"翻转课堂"的同时,结合多年实施素质教育的经验教训,发现翻转课堂实现了四个翻转,从而产生了良好的教学效果。

第一,翻转课堂实现了师生角色的"翻转"。传统课堂以教师讲授为主,忽略了学生之间的差异，无视学生的个性需求；学生课堂活动整体或部分缺失，在一定程度上抑制了学生质疑、批判、探究和创造能力的发展。而翻转课堂让学生自己掌控自己的学习，学生在课前观看微视频时，能够根据自己的需要来安排和控制学习的进度，可以随时停下来进行思考，甚至可以通过各种聊天软件在线询问老师或与同学讨论；他们在课中通过小组讨论、协作互助等活动完成知识的建构。学生学习上的自我管理意识大大加强，真正变成了学习的主体。

第二，翻转课堂实现了学习过程的"翻转"。在传统学习过程中，"知识传递"通过课堂上教师的讲解来完成；"吸收内化"在课后由学生自己来完成。但是，由于课后缺少教师的支持和同学的帮助，在进行知识的"吸收内化"时，学生常常感到挫败乃至丧失学习动力和兴趣。在翻转课堂模式下，这个学习过程被"翻转"了。利用新理念、新模式、新技术，翻转课堂使学生的整个学习过程都能得到关注，一改传统教学模式只管"齐步走"的弊端，实现了学生的个性化学习和教师的个性化指导。"知识传递"是学生在课前进行的，老师不仅提供了短小精悍的微视频，还提供了在线辅导，"吸收内化"是在课堂上通过师生之间、同学之间的互动来完成的，师生之间的互动主要通过学生提问、教师辅导的形式来完成，同学之间的互动主要以小组讨论的形式来实现。这两种互动都比传统方式更有利于促进学生对知识的"吸收内化"。这样，教师就从"主演"变成了"导演"。

第三，翻转课堂实现了教学环境的"翻转"。现代网络信息技术的发展为创新教学模式的产生提供了所需要的技术保障。翻转课堂改变了传统课堂只有粉笔、黑板、PPT等的教学环境，它通过功能强大而全面的学习管理系统（LMS）整合了线下课堂与网络空间。教师可以通过学习管理系统，有效地组织和展示各种教学资源，动态地了解学生学习过程中的各种信息，从而做出更有针对性的辅导；学生依托学习管理系统，可以方便地建立学习共同体，协同完成学习任务。陈坚林（2010）指出，如果能够利用超越式发展的计算机技术创建理想的外语教与学的环境，教师角色必然要进行解构和重建，为以"学生为中心"的学习创造条件。

第四，翻转课堂实现了认识观念的"翻转"。在我国，教师对学生打网络游戏一般都持反对态度，因为一些学生由于心理发展不平衡、自控力差而染上网瘾不能自拔。然而，翻转课堂最重要的教学资源之一就是微视频。微视频将知识片段化，并引入了类似游戏中"通关过卡"的概念，将教学在一定程度上与游戏相结合。游戏包括数字化游戏和游戏活动两种，游戏化教学借鉴游戏中的设疑、挑战、过关等理念，利用学习者对游戏的爱好心理，将教学目标分层隐藏于游戏活动之中，并根据学习者的心理和生理等特征，采取相应的游戏化教学策略，使学生在打游戏的乐趣中学习和内化知识。为了了解学生在观看微视频后有没有"通关"，微视频后面紧跟着4~5个小问题，以帮助学生及时进行检测；学生对问题的回答情况，能够及时地通过云平台进行汇总处理，帮助教师了解学生的学习状况。微视频还可以帮助学生进行一段时间学习之后的复习和巩固。评价技术的跟进，使学生的学习状况在每个环节都能够得到实证性的佐证，有利于教师真正了解学生。

需要强调的是，无论是从国外的经验来看，还是从国内的实践来看，翻转课堂的实施所涉及的核心要素都不再局限于教室内，而是包括网络教学平台和教室在内的一个整体。与此同时，教学视频的使用与传统教学流程的调整是翻转课堂的最具特色的两大标杆性要素，正如乔纳森·伯尔曼等人所强调的那样："翻转课堂不是在线课程，它是直接指导和建议式学习的混合模式。"翻转课堂并非是用视频替代教师，它是一种增加师生互动的教学方法，翻转课堂借助互联网技术为学生提供了一个自主学习的环境，让所有学生都能结合自身实际情况来调整学习进度，在真正获得个性化教育的过程中不断提高自身的研究性学习能力和创新思维。

2. 翻转课堂给高等教育改革带来的机遇和挑战

翻转课堂的实践与我国教育改革的关系，也是目前专家学者都在思考的问题。翻转课堂在国外高等院校的成功实践，彰显出我国课堂教学改革的重要性和紧迫性，翻转课堂除了能教给学生知识以外，更锻炼了他们自学和开展研究性学习的个人综合能力，这与我们一直探索的素质教育理念是相通的。但是，目前翻转课堂给高等教育改革带来的既有机遇也有挑战。

（1）翻转课堂给高等教育改革带来的机遇

第一，翻转课堂能够体现混合式学习的优势。目前，海内外的学者普遍认为，翻转课堂不仅仅是一种能够增加教师与学生之间互动及学生将学习时间个性化的手段，它更是一种全新的混合式学习方式，是利用互联网技术对课堂教学模式实施重大变革所产生的全新成果。事实上，翻转课堂从诞生之初就是以将"课前在家里听看教师的视频讲解，课上在教师指导下进行讨论和做作业（或实验）"这两种学习方式进行混合为目的的。后来，翻转课堂在吸纳了慕课的一些优势之后，更进一步发展成为在线开放课程与课堂教学方式的混合（这里的在线开放课程又有完全在线和部分在线之分）。我们相信，随着互联网和信息技术在国内的使用越来越广泛、越来越成熟、越来越深入，翻转课堂所体现的混合式学习所具有的优势也会不断地被放大，这将非常有利于实现我国高等教育长期追求的目标——使学生学会学习、学会创造。因为只有利用混合式学习方式，才能让学生在有限的课堂时间内与老师和同学交流更多有价值的、能够培养其探索意识的问题；才能够让学生在探索的过程中学会开展研究性学习，从而培养其创造性思维和能力。

第二，翻转课堂有助于构建新型的师生关系。上面提到翻转课堂的开创者——林地公园高中的两位化学教师乔纳森·伯尔曼（Johnson Bergmann）和亚伦·萨姆斯（Aaron Sam）后来把翻转课堂重新命名为"翻转学习"。之所以要这样的更改，是因为他们认为："传统的面对面教学过程中，不管是教师讲授还是与学生对话，都是以教师为中心的一对多的形式；而翻转课堂则完全改变了这种形式，不管是学生在家观看教学视频，还是在课堂上师生面对面地互动交流，都是以学生为中心而展开的。学生可以掌控自己看教学视频的进度，可以提出自己的问题、想法，与教师或同伴交流，从而获得了学习上的主动权。"事实上，这是从新型师生关系的角度来看待翻转课堂的作用与效果的一种代表性观点，这种观点也得到国内一些知名学者的支持。例如，华东师范大学的赵蔚等人就认为："翻转课堂之所以有利于重构和谐的师生关系，是因为教师让学生根据自己的兴趣自主选择探究题目进行独立解决，指导学生通过真实的任务来建构知识体系，真正做到以学生为中心。"清华大学的刘震等人还明确指出："在翻转课堂中，教师和学生的角色定位发生了变化，教师从传统课堂中的知识传授者和课堂管理者转变成为学习指导者和促进者；学生则由被动接受者转变成为主动研究者。"事实上，我国在长期开展高等教育和教学改革的过程中所面临的一个核心问题恰恰就是教师和学生之间的关系，处理不好或者说无法理顺教师和学生的关系，必将导致很多教育和教学改革的举措无法落实、效果不佳。因此，从这个角度来看，翻转课堂在构建新型师生关系的基础上，对于推进各项教育和教学改革的顺利实施具有非常重要的积极作用。

第三，翻转课堂能促进教学资源的有效利用与开发。从翻转课堂在国外的发展历程可以看出，早期它离不开可汗学院视频录像"教学资源"的支持，后来随着慕课的崛起，翻转课堂又吸纳了在线开放课程的优势与特点；而网络在线课程除了强调"互动、交流、反馈"和"在线学习社区"以外，还特别关注网上与教学有关的各种信息资源的广泛收集、有效利用与研究开发。因而学术界普遍认为翻转课堂对于促进教学资源的有效利用与研发是非常有利的，因为它既是促进教学资源利用的理想平台，又是推动教学资源进一步研究与发展的强大动力。就以教学视频为例，传统的这类视频大多是对课堂实况的简单录制，没有对教学信息进行二次深层加工，无关信息较多，容易分散学生的注意力。为克服传统教学视频的这类缺点，以便更有效地利用视频资源，对于课前所用教学视频的录制与开发，翻转课堂从两个方面做了改进：一是采用了一种"用录屏软件＋PPT进行录制"的全新方式，这样录制的教学视频，除了教学内容和语音讲解之外，没有其他冗余信息，与传统教学视频的呈现方式相比，更有利于集中学生注意力，从而提高课前自主学习的效率。二是将知识单元的粒度细化，传统教学视频一般是以一课时的内容作为一个知识单元进行讲授，时长在45分钟以上，由于视频包含图像、文字、声音，传递的信息极为丰富，若时间过长，学生将难以消化。在翻转课堂中，对知识单元的处理则有所不同：它将一课时的内容进一步细化为若干个知识点，对每个知识点用一个"微视频"进行讲解，并配有相应的针对性练习，加以巩固。这些微视频的时长，一般是5~10分钟左右。正如我们前面提到的，国内很多高校之所以采用大班授课的教学模式，是因为高等院校招生人数的持续增长导致我们的教学资源严重匮乏，是一种不得已而为之的举措。而翻转课堂促进了大量优质教学资源的开发，这些在互联网上公开的资源使得那些暂时还不具备推广小班研讨式教学的高校能够有效地利用这些教学资源，并在此基础上进行一些提高教学质量和教学效果的尝试。

（2）翻转课堂给高等教育改革带来的挑战

第一，教师观念转变难。从我国来看，传统教学强调"师道尊严""为人师表""传道、授业、解惑"，强调教师在课堂上的监控、讲授以及整个教学过程中的主导作用，总之，是"重教轻学"，要实施好这种教学，教师必须树立"以教师为中心"的教育思想。若从以美国为代表的西方来看，早在20世纪初（1900年前后），杜威就已提出"以儿童为中心""以活动为中心"的教育理论，在20世纪中叶（五六十年代）布鲁纳又强调基于学生自主探究的"发现式学习"，可见，其传统观念是"重学轻教"，从而为后来建构主义倡导的"以学生为中心"的教育思想在西方的广泛流行奠定了基础。而翻转课堂是基于"混合式"学习方式，其教学过程包括课前的在线学习和课堂面对面教学这两部分。前者（在线学习）以学生自主学习为主，但并未忽视教师的启发、帮助与引导；后者（面对面教学）重视教师的指导作用，但更关注学生如何在教师的指导下，通过自主探究与小组协作交流来促进认知与情感的内化。显然，要把这两部分的教学都开展好，都能有效地达到预定的教学目标，教师应该树立的教育思想既不是"以教师为中心"，也不是"以学生为中心"，而是以 Blended—Learning 为标志的"混合式"教育思想（一般简称为 B-Learning 教育思想，用我们中国的方式表述，就是"主导—主体相结合"的教育思想），也就是要把传统教与学方式的优势和 E-Learning（数字化或网络化教与学方式）的优势结合起来，即既要发挥教师启发、引导、监控教学过程的主导作用，又要充分体现学生作为学习过程主体的主动性、积极性与创造性。与此同时，为了有效地实施翻转课堂，教师的教学观念也必须同时改变。教学观念是从观念形态上对"如何开展教与学"活动做出的最高层次的抽象与概括，一切教学方式、学习方式及各种教学模式、策略与方法，都属于教学观念的下位概念；而教学观念与教育思想一脉相承，有什么样的教育思想，就一定会有与之相适应的教学观念。例如，若坚持"以教师为中心"的教育思想，其教学观念就一定是强调"传递—接受"为标志的教与学活动（可称之为"传递—接受"式教学观念）；若坚持"以学生为中心"的教育思想，其教学观念就必定是强调"自主—探究—合作"为标志的教与学活动（可称之为"自主—探究"式教学观念）；而在以"B-Learning"为标志的混合式教育思想（"主导—主体相结合"教育思想）指引下的教学观念，则是兼取"传递—接受"和"自主—探究"这二者之所长而形成的一种全新观念，它强调"有意义的传递与教师主导下的自主探究相结合"为标志的教与学活动（可称之为"有意义传递—主导下探究相结合"的教学观念），这正是保证翻转课堂的有效实施所必须坚持的新型教学观念——刚才已指出，这种新型教学观念是"传递—接受"和"自主—探究"这二者的混合，但并非是这两种教学观念的简单叠加，而是通过对二者的改进与发展形成的，并要以适当的方式加以贯彻实施，方能奏效。由此可见，为了有效地实施翻转课堂，对广大教师教育思想和教学观念的更新是一场比较严峻的挑战。

第二，课件制作门槛高。翻转课堂要求学生在课前观看教师的视频讲解——这类视频材料早期是按传统方式录制的教学视频，后来则发展成与一个个知识点相结合，并配有针对性练习的"微视频"（一种优质教学资源）；每个学科的教学内容、知识体系、知识点组合等情况均有很大差异，要想在多个学科中推行翻转课堂这种全新教学模式，并且要力争做到"常态化"的话，所需要的微视频的数量是巨大的。美国因为有非营利的"可汗学院"的支持，能够解决各学科优质教学资源（大量优质"微视频"）的研制与开发问题；但是在我国，目前还缺乏与"可汗学院"类似的民间机构，因而在这方面仍面临相当严峻的挑战。事实上，我国虽然也顺应时势启动了国家和各省级的"精品课程建设工程"，向社会免费开放精品课程资源，但是这些"精品课程建设工程"存在资源可用率低，用户界面优劣相差较大的问题，缺乏面向学习者的学习指引和练习测试的反馈，而且教材以文字类型的资源为主，存在缺乏文字、图片和视频的整合等问题。林君芬等人对我国一些高校网络学院和比较有名的中小学网校的网络课程的现状进行了深入思考，发现他们的网络课程建设存在着缺乏充足的教学材料或教师资源、教学内容的表现形式单一、自主学习资源不足、导航系统不强、缺乏评价与反馈、缺乏教学活动设计等种种问题，总地来说缺乏高质量的网络课程，且大部分网络课程仍强调"教"，不能充分体现学习者的主动性。即便教师可以在网上的开放教育资源中，寻找与自己教学内容相符的视频资源作为课程教学内容，节省人力、物力，但是网络上的开放教育资源可能会与课程目标、课程内容不完全相符，因此必须自行录制教学视频，而自行录制教学视频将大大增加教师的工作量，对教师的多媒体制作技术和时间提出了挑战。可喜的是，2013 年八九月间，由华东师范大学牵头成立了 C20 慕课联盟。成立该联盟的目的在于借助慕课平台实施翻转课堂，实现学校教学模式的变革，为创新人才的培养创造良好环境。

第三，教学效果评价难。作为课程教学过程中的重要环节，适应翻转课堂的教学质量评价体系目前在国内高等院校中还没有得以建构，相当多的翻转课堂实践依然采用传统课堂教学评价的方法，这显然无法全面实现对教学效果的检验。王碉（2014）对目前国内翻转课堂的实证研究进行了梳理分析，发现现阶段对十翻转课堂教学效果的评价可以分为两个部分：一是学生考试成绩或实践作品质量；二是对经过翻转课堂教学的学生主观学习态度的调查。在其所研究的国内翻转课堂典型案例中，研究者都没有专门设计翻转课堂的教学评价体系，仍然采用传统课堂的评价标准，尤其是对于课堂协作活动、课前学习活动的过程性评价，都没有纳入翻转课堂教学效果的评价体系中。该研究同时对国外相关案例进行了分析，发现国外学者 Brooke Morin 通过强化学习过程考核（如课前准备、教室实践、作业提交等），将期中和期末考评成绩计为全部成绩的 35%（分别为 20%、15%），有效地构建了针对翻转课堂的教学评价体系。针对翻转课堂的特点，张金磊等人（2012）的研究指出："翻转课堂评价体系尤其要体现出专家、学者、教师、同伴以及学习者等多种角色在评价中的作用。"这正同提倡"价值多元、全面参与和共同建构"的第四代教育评价理论相吻合。基于此，能否建立适合翻转课堂的教学质量评价体系，已经成为制约翻转课堂深入发展的瓶颈因素。事实上，由于我国目前的教育评价体系存在着标准单一、方法简单、技术落后等弊端，学科考试成绩实际上是对学生评价最主要的标准，学生的升学率则是对学校工作评价的最终指标，在这样层层向下传递的沉重的考试压力下，教师、学生、家长、社会期待的是顺利地考上个好学校，所以学校对教学改革（包括翻转课堂）持观望和迟疑的态度，家长和学生对素质教育可能会采取相对保守的立场应在情理之中。因此，在翻转课堂的教学模式改革过程中，找出一条积累知识与提高学历协调发展的路子来，是所有教育工作者都必须思考的一个问题。

3. 对翻转课堂教学模式改革的几点反思

任何新事物在被人们接受和应用时都必然会遇到许多阻力，翻转课堂教学模式改革在被高等院校的广大教师认可和应用的过程中也势必将经历一个不断改进的过程，在这个过程中需要我们认真思考和面对，或者说需要我们不断反思的问题主要有以下几个方面。

第一，转变传统教育观念，坚定教育变革的信念观念决定行为。有什么样的教育观念，就会有什么样的教育行为。目前仍然有部分教师秉持以教为主的教育观念，将教师、教材和课堂作为教学的中心，填鸭式灌输知识给学生，以学为主的教学理念还不被他们接受。教师被当成解答问题的万能机，一是教师自己把自己当成万能机，在学生面前不敢也不能说不字；二是学生把教师当成万能机，学生提出的一切问题教师都必须回答正确。另外，在我国，教师、教育行政人员乃至学生和家长都一定程度上存在功利主义观念，即唯升学本为重。教育中的功利主义就是一种以眼前教育利益的获得为最大追求目标的价值取向，包括学校为了获得好声誉、好生源和好效益而只追求就业率；教师为了获得教学水平好名气和社会晋升而只追求就业率；学生为了获得好分数，考取好学校，将来找份好工作而更加看重就业率。因此，一些教师在选择尝试翻转课堂时，受到教育传统观念和功利主义等方面的影响，往往会放弃或消极应对。在翻转课堂初步引入我国教育实践时，要求教师转变传统以教师为中心的教育理念，树立以学生为中心的教育理念，坚定教育变革的信念。

第二，提高教师的学科知识水平、提升教学设计能力与信息素养。翻转课堂成功应用的关键点在于学生对教学内容的高效内化。学生对教学内容内化的程度，一方面取决于学生的学习动机，但更取决于教师对教学内容、课堂对话、交流、生生协作学习等方面的教学设计，精心设计、细致观察，以提高学生对教学内容的内化效益。翻转课堂对教学内容的设计，大部分采取视频的形式展现，且视频的录制要求短小精练和主题突出等，这对教师的视频录制和处理能力有了相对于传统教学更高的要求，同时学生在课外自主学习要求教师能在线答疑并能提供自主学习的帮助，这都对教师的信息素养提出了更高的要求。因此在翻转课堂初步引入我国教育实践时，要求教师以建构主义学习理论为指导，不断提高自身学科知识水平、提升教学设计能力和信息素养。

第三，转变评价观念，体现评价的多元性和发展性。翻转课堂的教学效果评价要实现评价方式多元化，打破传统评价中教师以分数和升学率为主体对学生进行评价的体系，建立由教师评学生、生生互评、学生评价课程构成的多元评价方式，并强调终结性评价与形成性评价相结合，允许学生观看其他教师相同主题的教学内容，关注学生的学习过程与课堂内容过程，关注教育资源的共享和促进教育均衡发展。翻转课堂的教学评价关注学生素质的全面发展，体现教育促进学生全面发展的理念。翻转课堂教学应用模式通过学生课下有支持的自主学习，培养学生的自主学习能力和提升学生的信息素养，同时通过课堂教师引导的、协作的、自主的知识内化过程实现自身的发展，充分体现了教育由传统的选拔功能向强化育人功能和促进学生全面发展功能的转变。

第四，转变教师发展理念，体现教师专业发展的自主性。教师专业发展是指教师具有较强的自我专业发展意识和动力，自觉承担专业发展的主要责任，激励自我更新，通过自我反思、自我专业结构剖析、自我专业发展设计与计划的拟订、自我专业发展计划实施和自我专业发展方向调控等实现自我专业发展和自我更新的目的。翻转课堂在教学设计中要求教师对学生的学习问题和困难进行整合，并设计学生课堂活动的主题，指导学生的自主、协作学习和其他活动。由于不同的学生出现的问题或困难是不相同的，这必然要求教师在平时教学设计时根据不同学生的问题或困难进行自我反思，不断提升自身的学科素养和教学能力，强化教师专业发展的自主性。

（二）微课与慕课（MOOC）教学

事实上，从西方目前的实践情况来看，前面所探讨的翻转课堂式教学在课前学习这个环节基本上要依赖微课与慕课。然而，微课与慕课既可以作为一种重要的教学资源供采用翻转课堂式教学的老师所使用，也可以作为一种重要的教学方式。并且，借助微课与慕课这两种教学方式，也能够起到提升大学生研究性学习能力的作用。为此，我们将在分析微课与慕课的内涵和特点的基础上，探索国内高等院校目前利用微课与慕课的现状和问题，并结合提升大学生的研究性学习能力这个主题，探讨微课与慕课在高等教育中结合应用的思路。

1. 微课与慕课的内涵和特点

慕课（MOOC）即大规模网络开放性课程。字母"M"代表"大规模"（Massive），传统线下课程只有几十个或几百个学生，慕课则动辄上万人。此外，大规模还有一层含义，即慕课不是一个人发布的一两门课程，它通常来自一个团队、一个高校，或一个跨校甚至跨国教育联盟，形成了一个广泛的课程群。第一个字母"O"代表"开放"（Open），即尊崇创用共享（CC）协议，以兴趣为主要导向，只要是想学习的，都可以进来学，不分性别、年龄、地区甚至国籍，只需一个邮箱，就可注册参与。只有当课程是开放的，才可以称之为慕课。第二个字母"O"代表"在线"（Online），通过在线网络，采取视频观看、论坛讨论、邮件往来等交流方式完成学习，上课地点无须受到物理距离和当下时间上的限制。当然这也注定了其交互性必须受到网络的限制，难以采取面对面式的交流讨论，对学习者的网络环境和课程提供者的现代网络技术也提出了更高的要求。"C"代表"课程"（Course），慕课课程处于一门课和一堂课之间，一门课若由不同的人来讲授、录制或实施助教管理，就可能呈现出不同的慕课课程，一个慕课课程可以被切分成数个网络课堂，每个网络课堂以一个网络视频为核心，辅以在线答疑、相关作业、阅读资料等。

由慕课的定义和特点可见，慕课远不是一个教学视频所能概括的。慕课的大规模数量特征和开放性应用特性异常鲜明，因此，慕课的应用实践及相关研究都更多地指向网络教学过程、网络教学资源建设、网络课程考核体系、教育证书的社会化运作等多个维度。微课则不同，它更多地指向教学视频这种资源。根据国内微课发起人胡铁生（2013）的定义，微课是以微型教学视频为主要载体，针对某个学科知识点或教学环节而设计开发的一种情境化、支持多种学习方式的新型在线网络视频课程。与慕课的大规模、开放性等特点不同，微课更突出时间短、内容精、模块化、情境化、半结构化等特点。

关于微课与慕课的具体区别，李娜等（2015）在最近发表的一篇题为"微课与慕课在高等教育中的结合应用探究"的文章中做出了比较准确而详尽的分析。

首先，微课一定要"短小"，这使它不同于过去的课堂录像，后者一般以一堂课为基本单位，有时甚至是一个两小时长的讲座，而微课一般为5~15分钟，根据心理学对学生视频驻留规律和学习认知特点的研究，微课甚至不适宜超过10分钟，最好保持在5~8分钟为宜。在美国还出现了一些1~2分钟的微课，被称为"知识脉冲"（knowledge burst）。微课的短小注定了其内容必须精致，否则微课就难以完整而透彻，进而难以作为独立的学习对象吸引大批受众。那么，录制一小段教学视频是否就能称之为微课了呢？纵观当今网络上各种各样的教学视频，不难发现，如果没有改变传统的课堂教学组织方式，仅仅拍摄一小段这样的视频并不能称之为微课，因为它有可能难以被应用推广到教学过程当中。要使得微课视频方便应用、有价值，在录制之前，就需要对其进行总体计划和组织编排，使其模块化；在录制过程中，要采用各种方式吸引后期观看者，使其容易进入学习体验的情境；在录制完之后，要方便教学者对微课视频进行各种不同的运用，比如作为课前预习的帮手，作为课堂教学的辅助案例或讲授的调节剂，作为课后作业或小组项目训练的素材或样板等，它必须是半结构化即又完整又敞开式的，可以随意被教学者嵌入到教学过程的各个环节。由此可见，相对于处在宏观体系层次的慕课，微课更注重微观层次的策划、选材、制作，追求视频的整体质量（内容的、形式的、技巧的），努力吸引学习者和方便教学者。这为二者的互补性应用提供了可能。与此同时，虽然慕课不仅仅意味着通过视频观看来完成教育活动，如前所述，它也强调论坛讨论、邮件往来等交流方式，但不可否认，师生一切交流的前提是视频制作与观看，这是承载师生交流的一座桥梁和一块基石，这又为二者的结合应用提出了必要性。

总之，在现实应用当中，微课和慕课有着极其紧密的联系，这种至关重要的联系还可从随后对二者在国内外发展的现状和问题分析中再次得以证实。

2. 我国高校慕课发展的现状与问题

正如我们在前面介绍翻转课堂时所提及的那样，在慕课大行其道的背景下，教育的信息化、产业化飞速发展，日新月异。2011 年，斯坦福大学的一位教授塞巴斯蒂安·特伦（Sebastian Thrun）成立了在线教育初创公司优达学城，欲使全世界数百万没能接受高等教育的学子可以通过网上授课享受到斯坦福大学式的教学和课程。2012 年 5 月，哈佛大学与麻省理工学院共同宣布，投入大量资金开发在线教育平台"edX"，其主要目的是配合校内教学，提高教学质量和推广网络在线教育，通过整合两所名校师资，使 10 亿人受益。在这一影响和推动下，美国顶尖级大学陆续设立在线网络学习平台，面向全球大学生提供免费的在线网络课程，Coursera、优达学城、edX 三大课程提供商也随之兴起。除了和哈佛大学、斯坦福大学、密歇根大学、普林斯顿大学、宾夕法尼亚大学等顶尖级大学合作外，它们像真正的大学一样，有一套自己的学习和管理系统，并日益受到瞩目。为此，人们将 2012 年称为大型开放式网络课程元年。不过，国外的在线教育公司并不满足于此，它们的目标是盈利，将公司转变为真正的商业企业。为此，优达学城通过安德森·霍洛维茨基金（Andreessen Horowitz）领投的 B 轮融资募得 1500 万美元，帮助其发展盈利业务。尽管优达学城的课程免费，但学生可选择参加一些收费的认证考试，或者通过付一定的服务费让优达学城帮助其找工作。此外，在线教育科技公司 2U 也募得 2600 万美元；在线基础教育网站 Codecademy 募得 1000 万美元。美国风险投资协会的数据表示，未来 5 年在教育科技方面的投入将连年增加。

中国国内慕课现状如何呢？此前，哈佛、麻省、耶鲁等名校的公开课已在中国产生广泛影响。在来自世界教育变革大潮的压力下，清华大学、北京大学、中国香港大学、中国香港科技大学也正式加盟美国在线教育平台 edX。之后，清华大学又于 2013

年10月10日正式发布中国大陆第一个由高校主导的慕课平台"学堂在线"。与此同时，由中国台湾国立交通大学、上海交通大学、西安交通大学、西南交通大学、北京交通大学共同合作发起成立了ewant开放教育平台，课程主要由两岸五所交大提供，修课通过者可以获得交大学习认证。2014年4月8日，上海交通大学自主研发的中文慕课平台"好大学在线"发布，作为中国高校慕课联盟的官方网站来推出C9高校及985高校的优质慕课课程。

显而易见，国外的慕课大都由高校发起，但由市场企业如优达学城等运作，而中国的慕课主要由高校发起并主导应用，企业在此过程中扮演的角色似乎不够明显。不过，撇开高等教育的限制，放眼中小学教育及整个社会教育领域，也可以看到我国在线教育市场上企业家的努力：2012年12月底，网易在继"公开课"之后，正式上线"云课堂"，意欲和传统教育机构形成互补关系，接着，网易旗下只做云笔记、搜索、词典三款产品的有道也开始布局在线教育，试图促使有道词典中3.6亿的激活用户完成变现；2013年4月底，百度测试"百度课程"，在搜索结果中直接展示课程结果，自建教育领域的中间层；2014年1月，百度教育正式推出"度学堂"，以直播形式提供中小学、IT、艺术等门类的课程。在商业化方面，中国在线教育企业也有可圈点之处，继中国大学网络公开课之后，全国最大电商淘宝推出课程平台"淘宝同学"，面向公众提供有偿视频直播平台，腾讯也推出"腾讯大学"。由此可见，国内在线教育发展虽然起步晚，但也十分迅速，有人据此论断，我国在线教育市场进入新的发展阶段。

然而，也有学者对在线教育的发展表示惊叹的同时，也心怀忧虑。例如李娜等（2015）就认为，在线教育市场的发展向中国传统的高等教育机构提出了新的挑战：第一，教师职业能力面临转型，教师除了要熟悉所攻专业的教授内容、教授技巧之外，还要学习视频拍摄和制作方法、网络基本知识，组织网络活动等，几乎要变身成一个"大导演"。第二，传统授课模式将不断被要求革新，那种"讲台上老师神采飞扬、讲台下学生低头繁忙"的现象必将被社会历史无情地抛弃。短平快的社会节奏将把教育推向不仅追求内容而且要求形式色香味俱全的快餐时代，谁的授课视频更精美，谁的视频设计更具悬念和启发性，谁的论坛互动人气更火爆，谁的网络口碑更神话，谁就将成为新时代更具社会影响力的教学大师。第三，传统教育机构本身也面临风险。甚至有人预测，未来的实体性大学将所剩无几。虽然有点骇人听闻，但今天"想找份旧报纸都变得困难""收音机缩水为车载收音机"等事实都已经无情地证明，时代的转换并不比我们的想象慢太多。何况，现实中，的确在各大高校都已出现比前网络时代更高的退学率。

需要说明的是，在对中国传统的高等教育机构所面临的新的挑战表示担忧的同时，李娜等（2015）也指出：在线教育发展同样面临着一定的瓶颈，例如视频碎片化与知识系统化之间的张力、视频内容种类的有限性、视频内涵质量的把控、视频影响力的提高、在线学习的考核机制与认证体系、在线教育的盈利模式等问题，都需要联手传统高等教育机构来共同解决。这实质上又为高校的成长创新提供了新的发展空间和机遇。谁最先建构起快捷、有效的适应体系，谁能推出在质量上堪称重量级的视频课程，谁就会在新一轮的教育市场竞赛中占得鳌头。

3. 我国高校微课应用的现状与问题

近两年，慕课平台尤其是可汗学院的成功将微课推到众人眼前。在当前已经投入使用的慕课中，学生喜欢的课程大都具有以下四个特点：第一，教师善于表达，授课过程类似演讲，语言简练、清晰，且富有表达力和感染力；第二，视频动画丰富，画面色彩、语言个性突出，精致而活泼；第三，每集视频长度不是太长，大都在10~20分钟；第四，老师在翻转课堂的课堂讨论环节或者网络答疑环节互动较好，既尊重学生，又启发学生，既关怀学生，又给学生以自我思考和发展的空间。其中，前三个特点都与微课的开发与应用密切相关。

为迎接在线教育快速发展提出的挑战，教育部全国高校教师网络培训中心于2012年12月至2013年9月举办了首届全国高校微课教学比赛，全国参与比赛高校1600多所，涵盖985、211、一本、二本、三本、高职高专、开放大学、民办高校、独立学院等，参赛作品12000多件。其中，山东省高校提交的微课作品数量最多，达2968件。2014年3月，中心又启动了第二届全国高校微课教学比赛。

两年一届的高校微课教学比赛的确提高了微课在高校中的知名度和影响力，使其不再是中小学的独角戏。因为此前，微课已在中国的中小学被广泛应用并达到一定质量水准，相应地产生了大量的研究著作，部分中小学甚至已将"微课制作与应用"列为教师培训中的常规性课程，而在高校中，却几近无人知晓，以至于参赛教师首先对"什么是微课"这一基本问题产生了巨大的争议和热烈的讨论。可见，在高校中举办微课教学比赛，有利于发现问题、廓清认识，推动教学信息化的创新。

从首届全国高校微课教学比赛反映出的问题，结合现实情况分析来看，目前微课制作与应用存在以下问题：

（1）没有认识清楚微课制作的目的和应用方向，导致选题点过大，聚焦点不清，结构上过于求全，不仅难以产生大量的优质参赛作品，更因缺乏对课程的整体设计和对微课制作的长期规划而难以形成考题化的资源体系。

（2）各高校重视程度相差很大（参赛作品最多的山东省提交微课的数量超过了初赛报名总数的1／4，山东交通学院提交了121件，积极性最高，而有的高校却没有参加），录制条件参差不齐，录制技术未经专门培训，大多依赖于所教专业和个人兴趣。

（3）微课作品应用性较差，类型不够丰富，多数制作者简单地将课堂实录下来，没有考虑后期应用的兼容性，对提高教学效果的作用不明显。

（4）关于优秀微课评选方式、评审标准、评审价值取向等认识不一。由于每个专业的教学模式不同，理科课程、工科理论课程、技术实践类课程、人文思想类课程、社会调查类课程、艺术类课程等不同类型课程之间的教学特点差别很大，教学环境和方式要求各异，再加上现有微课视频大多缺少长期的教学实战应用，学生的客观评价缺失，仅靠有限的评委在较短的时间内对大量作品进行评选，容易引发质疑。如首届微课教学比赛中某省于复赛结束前一天晚上在"再不公示复赛结果，视为弃权"的警告下匆忙公示结果，在参赛教师中引起大量猜测，打击了部分参赛教师的积极性。在组织方建立的全国高校微课教学比赛QQ群中，众多参赛教师热烈讨论的争论点最终主要集中在微课的定义和分类，微课的质量评价标准、评价主体，甚至微课比赛的意义上，从反面折射出高校普遍存在的对微课认识不清的问题。

（5）目前，国内与微课教学相关的研究性论文、著作较少，有关微课在高等教育教学中的开发与应用的指导性科研成果更是凤毛麟角，指导性研究的缺乏是造成参赛者疑惑的重要原因，也成为国内高校开发与应用微课的重要障碍。

虽然，高校教师微课比赛的热度不减，但同时也要认识到，微课比赛的如火如荼并不一定带来微课的整体发展，因为微课比赛与目前的职称评价体系紧密相关。首届高校教师微课比赛后，多数获奖者因此获利，这无可非议，但获奖者中极少有人将微课制作与应用作为一项工作持续下去。所以，对于微课比赛的意义，有必要一分为二地认识，不能期望太高。从慕课和微课在中国的应用现状可见，慕课主要应用在高等教育教学领域，而微课则最早发端于中小学，后来才被高校借鉴。目前，从制作质量、制作培训体系、评价体系、资源开放量、应用广泛度、认知度和影响力几个指标来看，中小学微课远远领先于高校微课。高校微课什么时候才能获得整体的长足发展？恰如在微课特点中所述，缺少教学模式转换这一土壤，微课就难以获得现实的生命力。这一点，微课与慕课殊途同归。

4. 微课与慕课在高等教育中结合应用的思路

根据教育教学的一般规律，综合考虑微课与慕课的特点、发展现状和主要障碍，可以概括出两者在高等教育中结合应用的工作思路和主要任务。只要厘清了在高等教育中结合应用微课与慕课的工作思路，明确了相应的主要任务，就一定能够产生良好的教学效果，并最终起到增强大学生研究性学习能力和创新思维的作用。事实上，李娜等认为微课与慕课的发展现状所折射出的问题具有联系性、共通性、相互依赖性和互补性，所以两者应用难题的解决不应孤军奋战，而应联合起来考虑，寻求整体性的问题破解方案。为此，他们提出了在高等教育中结合应用微课与慕课的如下建议。

第一，学习者是学习的主体，课程与学习者的个人经验紧密相连，因而慕课开发应重点包含从学习者的角度出发和设计，以大学生学习思维为主线录制的，在高等教育教学改革中能被广泛应用的微课。

第二，课程必须重视知识的系统性，因而对于慕课策划和微课录制，都必须加强前期规划与设计，体系化进行，这样才能形成有效的系统化资源。

第三，在慕课和微课发展中，切忌制作方式、质量标准的"一刀切"。教学方法设计应依据教学目标、教学内容、学生特点、教师自身经验、教学资源装备等进行；应鼓励创新，加强效果跟踪评价。

第四，微课和慕课必须结合教学模式的变革、教学方法的创新来实现落地应用。大学教学方法设计目前面临由"单一方法"到"灵活组合"、由"权威灌输"到"质疑理解"、由"结果传授"到"过程经历"、由"独白布道"到"对话教学"的整体转型。因而慕课和微课的实践过程不能忽视"视频观看"之外的讨论、提问、答疑等交流环节的设计和应用。借助新兴的教学方式，微课和慕课不仅能帮助实现翻转课堂的改革，而且为学生的跨专业学习、学校的学分制改革提供了便利条件，有利于创新型人才的培养。

第五，网络平台辅助下的课堂教学已成为大学课堂教学的新型组织形式。现代教育技术的快速发展以及网络数字化学习资源的开发应用都要求教师要加快实现角色转型，教育行政部门应帮助教师学习信息化教学设计和方法，不断更新和提升现代教育技术应用能力。同时，高校也有必要组建慕课／微课制作人才团队，减轻教师的工作压力，通过细化社会分工提高工作实效。

第六，大学教学除了具有文化传播、文化创新的价值外，还应具有实现经济增长的价值。教育行政部门应积极与教育企业、投资人交流沟通，收集能够平衡知识产权和知识共享的慕课／微课资源开发建设思路，在高校建立起合理的投资和激励机制，探讨高校微课资源如何与社会公益微课资源、社会商业微课资源相互区分并开展合作，以其独特优势更好地为建设学习型社会发挥作用。"人人皆可为师，处处皆可为课，时时皆可为学"的泛在学习（U.Learning）、移动学习（M.Learning）逐渐成为全球教育的趋势。微课和慕课的结合，以及随之而来的友好的人机界面、高端的学习体验，能够帮助高校更真切地实现社会服务职能，更鲜明地体现大学教学长期被人忽视的开放性特点。更重要的是，以优质微课为内容的慕课将对提升大学生自主学习能力、连接学历教育与非学历教育、健全终身教育体系发挥巨大作用。要推进移动学习和远程教育，构建学习型和创新型社会，就必须推进慕课和微课在高等教育教学中的联合开发和综合应用。

第二章 职业教育信息化基础

第一节 职业教育信息化内涵及特征

一、职业教育信息化的内涵

1963 年，日本学者 Tadao Umesa 首先提出了"信息产业的时代"这一概念，到 1967 年，日本社会开始使用"信息化"(Informatization)一词。这里的"信息产业"和"信息化"都是从产业的角度来阐述的。1997 年 4 月，中国第一次信息化工作会议正式提出国家信息化体系的概念。

教育信息化是指利用先进的计算机技术、网络技术实现校园网络化、管理科学化和信息资源数字化，其是在国家统一计划、组织和推动下，应用现代信息技术（计算机技术、多媒体技术、网络技术、通信技术等），通过各种渠道重点建设，充分利用软、硬件资源，加速教育现代化的进程。教育信息化的过程是教育思想、教育观念转变的进程，是以信息的观点对教育系统进行分析和认识的过程。只有在教育理念新的指导下，信息技术的应用才是我们所需要的教育信息化。

职业教育信息化是在职业教育领域实现信息技术与教育整合的过程。即在职业教育领域全面深入地运用现代信息技术来促进教育教学改革和发展的过程，并形成一种全新的教育形态。

二、职业教育信息化的特征

职业教育信息化的特征可以从技术层面和教育层面加以考察。从技术层面来看，职业教育信息化的基本特点是职业教育的数字化、网络化、智能化和多媒体化。从教育层面来看，职业教育信息化的基本特征是职业教育的开放性、共享性与协作性。笔者把职业教育信息化看作是一个追求教学信息化的过程。信息化教学具有教材多媒体化、资源全球化、学习自主化、活动合作化、管理自动化、环境虚拟化等显著特点。

信息化教学为我们展现了未来教育的美好前景，但是职业教育信息化是一个不断适应社会发展的过程，因为信息技术的应用不会自发地创造教育奇迹，它可能促进教育革新，也可能强化传统教育。任何技术的社会作用都取决于它的使用者。在信息化教学环境下，教育设施和教学手段改变了，则教学方法和教学模式也必将革新，而教育模式的改变首先取决于教育思想和教育理念的改变，在传统教学活动中，教师是教学活动的主体，知识是由教师传输给学生的。而新的教学观念是：教师是学生学习活动的指导者和帮助者，知识是由学生根据自己头脑里的认知结构而自主建构的，这是一种全新的教学理念。

第二节　职业教育信息化的意义及必要性

一、职业教育信息化的意义

职业教育信息化是运用现代化信息技术来促进职业教育教学改革和发展的过程。具体表现为在一定程度上实现学习环境虚拟化、管理网络化、教育个性化。职业教育信息化使职业教育为满足社会需求提供优质服务成为可能，在引发教师与学习者之间相互作用的本质发生变化的同时，实现了职业观念的创新，是全面提高职业教育教学质量和效率的动力源之一。因此，加强职业教育信息化建设对于推进职业教育教学改革与发展，特别是深化教育教学改革具有极其重要的意义。

（一）拓展职业教育空间

教育信息化为职业教育满足社会需求提供了条件。职业教育信息化的实现，

能够充分满足社会各方面对职业教育的不同层次的需求，而且能满足非学历教育对职业教育的需求。职业教育信息化建设，实现了学习环境虚拟化，拓展了教育教学空间。教学活动可以在很大程度上脱离物理空间和时间的限制，实现跨时空的教育资源共享。现在已经涌出一系列虚拟化的教育环境，包括虚拟教室、虚拟实验室、虚拟校园、虚拟图书馆等，由此形成了虚拟的教育环境。虚拟教育环境可分为校内模式和校外模式。校内模式是利用局域网开展网上教育，校外模式是利用广域网进行远程教育。如果利用虚拟教育环境把校内教育与校外教育贯通，构筑信息化教育的大环境，就可以实现任何人在任何时间、任何地点，学习任何知识，实现职业教育的在职培训、再就业培训及终身教育。通过职业教育信息化建设，全面拓展职业教育的发展空间，满足社会对职业教育的多方面需求。

（二）推进职业教育管理现代化

教育信息化为职业教育管理的网络化提供了一个有效的平台。通过先进的教育理

念与现代信息技术的有机结合，实现管理的网络化、科学化、规范化，加快了职业教育现代化的管理进程。管理的网络化促使管理方式发生变革，实现了无纸化办公。利用区域性教育信息管理平台，搭建各级教育行政部门与职业学校信息直通的桥梁，实行网上办公，极大地提高了行政管理效率和质量。以管理网络化为基础，进行教学管理模式变革，开展学分制管理。利用计算机管理手段，从派课制变为选课制，从班级制变为走课制，从学年制变为学分制，等等。学生对学习内容、学习时间选择的自由度和灵活度增大。以学生为本、满足学生多样化需求等教学理念，通过学分制管理得以体现。通过职业教育信息化建设，全面提高了职业教育管理的水平，推动了职业教育管理现代化的进程。

（三）加快职业教育教学改革

职业教育信息化建设，实现了教材的多媒体化、教学过程的自主化、学习任务的合作化和教育教学的客观化，实现了教育的个性化，加快了教育教学改革的步伐。首先，信息化建设促进教材的改革，实现教材的多媒体化。利用多媒体技术，改变单一的纸质教材形式。电子教材不仅包含了文字、图片，还可以呈现声音、视频动画、模拟场景。信息化建设丰富教学的内容，实现资源全球化，新技术、新知识得以共享。利用网络，特别是互联网，可以使全世界的教育资源连成一个信息海洋，供广大教育用户共享。其次，信息化建设促进个性化教学，实现了因人施教。利用计算机辅助教学系统平台，针对学生的不同个性特点和不同层次需求进行教学和提供指导，解决学生因个性差异对教学内容"吃不饱"和"吃不了"的问题。另外，利用互联网中庞大的资源库及强大的信息查询功能，学生可自主选择学习内容，大大增加了学生的学习兴趣。信息化建设还促进了教育评价的改革，实现面向学习过程的客观性评价。利用计算机教学管理系统，在网络上建立电子学习档案，其中包含学生电子作品、学习活动记录、学习评价信息等，支持全面客观的教学评价。

二、职业教育信息化的必要性

我国提出坚持以信息化带动工业化，以工业化促进信息化，走出了一条科技含量高、经济效益好、资源消耗低、环境污染少、人力资源得到充分发挥的新型工业化路子。工业化与现代市场经济体制是相互促进的，实现工业化仍然是现代化进程中的艰巨任务，工业化的发展不仅可以加速我国现代化进程，提高国民生产总值，也是增加就业的最好场所。工业化需要大批的技术工人，而高职学院和中职学校的毕业生正是技术工人中的重要组成部分，这些地方也是高职、中职生就业最大最好的场所，所以职业教育必须适应新型工业化的发展，适应市场经济体制的要求。

目前，我国职业教育的教学思想、教学模式和管理体制还停留在传统的教学方式上，与工业化的要求很不合拍。其主要表现在：教师只重视知识的传授，不注重学生能力的培养；教材陈旧；专业科目划分过细；传统的教学情景占主体，学生均无参与意识；以应试为主，不能充分发挥学生的个性；在教学过程中，仍然是教师传授，学生听讲，记笔记，复习笔记，考试检查；一些学校根本不具有现代教学的硬件设施和实习设备，一些先进设备的使用只处在纸上谈兵的位置，这样培养出来的学生现代化意识及能力根本无法满足工业化和市场化的要求。所以在高等职业院校中发展现代教育技术，灌输信息化教学所相应的教育思想，实施现代教育是市场经济的选择，也是我国工业化进程中不可缺少的要素。

第三节　职业教育信息化教学的理论基础

职业教育在利用教育技术解决教学问题时，必须要以科学原理为依据，必须要以相关科学对学习问题和教学问题的认识为依据。对学习问题和教育教学问题进行研究主要集中在学习理论、教学理论、视听教育理论方面。职业教育教学是一个教学大系统，具有独特的内在规律，因此，要运用系统科学来处理教育系统分析、课堂教学的信息加工、反馈与控制等方面的问题。另外由于教学也是一种信息传递的活动，因而信息传播理论的一些原理对解决教学问题也产生着深刻的影响。

一、视听教育理论

视听理论产生于 20 世纪 40 年代，其中戴尔的"经验之塔"理论最具有代表性。

美国教育家戴尔认为，人的学习知识，一是由自己直接经验获得，二是通过间接经验获得。当学习是由直接经验到间接经验、由具体到抽象时，获得知识和技能就比较容易。戴尔把人们获得知识与能力的各种经验，按照它们的抽象程度，划分为 3 大类 10 个层次，归为一个"经验之塔"来进行描述：

（1）做的经验。包括 3 个层次：直接的、有目的的经验，设计的经验，演戏的经验。

（2）观察的经验。包括 5 个层次：观摩示范，学习旅行，参观展览，电影、电视，录音、无线电、静止画面。

（3）抽象的经验。包括两个层次：视觉符号，言语符号。

塔底层的经验最具体，越往上越抽象。"经验之塔"反映的观点是，教学应该从具体经验入手，随着学习者知识和年龄的增长，逐步向抽象发展，抽象的概念应以具体经验为基础。位于中层的观察的经验，特别是视听教具，易于培养观察能力，比语言更具体和易于理解，而且能冲破时空的限制，弥补学生直接经验的不足。所以，在职业教育教学中倡导应用各种视听媒体进行教学。在实训教学环节中，利用塔底层的做的经验，理解深，记得牢；利用塔上边的抽象的经验，通过教育技术手段优化教学，提高教学效率，易于获得概念，便于应用。

二、学习理论

学习是指个体经验的获得及行为变化的过程。学习是个体适应环境的手段。学习理论是对学习规律和学习条件的系统阐述，它揭示人类学习活动的本质和规律，解释和说明学习过程的心理机制，以指导人类的学习。

（一）行为主义学习理论

人的行为主要是由操作条件反射构成的。行为主义学习理论力图从操作条件反射研究中总结出学习规律，重视强化作用，提出强化原理和程式；认为塑造行为的过程就是按合乎要求的反应次数以及各次强化之间的适当组合而做出的各种强化安排，因此，形成了学习与机器相联系的思想，制造了教学机器来实现"小步子呈现信息""及时强化的程序教学"。

行为主义学习理论的基本观点：

（1）学习是刺激与反应的联结，其公式是：S—R（S 代表刺激，R 代表反应）。有怎样的刺激，就有怎样的反应。

（2）学习过程是一种渐进的"尝试与错误"，直至最后成功的过程。学习进程的步子要小，认识事物要从部分到整体。

（3）强化是学习成功的关键。

行为主义学习理论的特点是重知识技能的学习，重外部行为的研究。

（二）认知主义学习理论

认知主义学习理论认为，人的知识不是由外部刺激直接给予的，而是外部刺激和认知主体的内部心理过程相互作用的结果。据此，学习过程被解释为每个人根据自己的态度、需要和兴趣，并利用过去的知识和经验对当前工作的外部刺激做出主动的、有选择性的信息加工过程，如加涅的信息加工模型，见图 2-1。

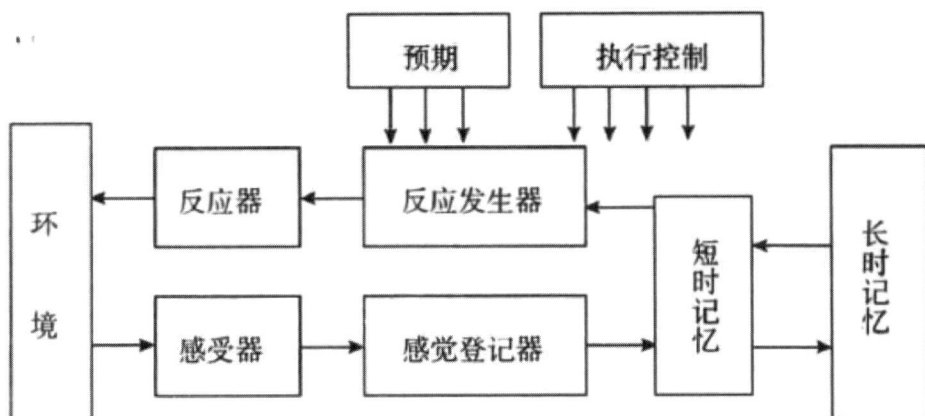

图 2-1　加涅的信息加工模型

感受器接收来自环境的刺激后，转为神经信息传送到感觉登记器，这里是很短暂的记忆贮存，一般在百分之几秒内就登记完毕。由于注意或选择性知觉，有些部分登记了，有的则很快消失了。被感觉登记了的信息很快进入短时记忆，信息在这里只持续二三十秒钟就消失，并被做简单的处理，然后被送入长时记忆，这是一个相当永久的信息库。在这里信息经过编码，用各种方式把信息组织起来备用。当需要这些信息时，经过检索提取信息，被提取的信息可能直接通向反应发生器，从而产生反应，也可能再回到短时记忆，对信息做进一步处理，最终可能进一步寻找信息，也可能直接通过反应发生器做出反应。预期是指期望达到的目标，即学生学习动机，执行控制是指认知策略，二者对学习影响很大。

学习的实质是在主客体相互作用的过程中，在反映客观现实的基础上，主体通过一系列的反应运动，在内部构建起调节行为的心理结构的过程。

认知主义学习理论的基本观点：

（1）学习是认知结构的组织与再组织，其公式是：S—AT—R（A 代表同化，T 代表主体的认知结构）。客体刺激（S）只有被主体同化（A）于认知结构（T）之中，才能引起对刺激的行为反应（R），即学习才能发生。

（2）学习过程是信息加工过程。人脑好似电脑，应建立学习过程的计算机模型，用计算机程序解析和理解人的学习行为。

（3）学习依赖智力和理解，绝非盲目地尝试。认识事物首先要认识它的整体，整体理解有问题时，就很难完成学习任务。

（三）人本主义学习理论

人本主义学习理论认为学生是学习的主体，具有学习的潜能。学生必须受到尊重和重视，任何正常儿童都能自己教育自己；学习是人的自我实现和丰富人性的形成；人际关系是有效学习的重要条件，它在学习中营造了接受的气氛。最具有代表性的人本主义学习理论是罗杰斯的学习理论。罗杰斯对意义学习的论述很有特点，他认为意义学习是以人的自发学习潜能的发挥为基础，以学会自由学习和自我实现为目的，以自主选择的自认为有生活和实践意义的知识经验为内容，以自我发起学习为特征，以毫无外界压力为条件的完全自发的、自主的学习。这种学习过程包括了认知过程、情感过程和学习者个性的发展。这种学习使学生的行为、态度、情感、个性等方面都发生了变化。而且这种学习是由学生自我评价的。

罗杰斯还论述了促进自由学习方法的 10 个方面：构建真实的问题情景；提供学习资源；使用合约；利用社区；同伴教学；分组学习；探究训练；程序教学；交朋友小组；自我评价。

（四）建构主义学习理论

建构主义学习理论是认知主义学习理论的新发展。建构主义学习理论认为：学生是认知的主体，是知识意义的主动建构者，知识不是通过教师传授得到的，而是学升者借助他人的帮助和利用必要的学习资料，通过意义建构的方式获得的。

正如皮亚杰所述，建构是指认知结构不断改变和更新的进化过程，学习是一种能动建构的过程。学习所关注的应该是主动的心理建构活动，学习不是个体获得越来越多外部信息的过程，而是学到越来越多有关他们认识事物的程序，即建构了新的认知结构。学习是反映抽象和创造的过程，在其原有认知结构的基础上创造新的认知结构。皮亚杰指出，认知发展受三个基本过程的影响：同化、顺化和平衡。同化是指个体对外部因素进行主动的选择、改变，将其纳入原有图式的功能。而图式是指以动作为基础的主体认知结构或组织，是一种认知的功能结构，是个体对世界的知觉、理解和思考的方式。当个体感受到刺激时，就把它纳入个体头脑中原有的图式之内，使其原有的图式得到量的扩张。顺化则与同化相反，是指个体原有图式不能同化客体时，对原有图式进行调整或创立新图式以适应新环境的功能。即当个体感受到的刺激不能用原有图式来同化时，就对原有图式加以修改或重建，以适应环境，即调节自己的内部结构以适应特定的刺激。顺化的结果是原有的图式得到质的升华。一般来说，个体每当遇到新的刺激，总是试图用原有图式去同化，如果用原有图式无法同化新的环境刺激时，个体便会做出顺化，即调节原有图式或重建新图式。平衡是指个体通过自我调节机制，使认知发展从一个平衡态走向另一个平衡态的过程。同化与顺化以图式为基础发生作用，这种作用将导致旧图式的不断充实和更新，这一切都有赖于个体通过自我调节而实现新的平衡。儿童的认知结构就是通过同化和顺化逐步建构起来的，并在平衡—不平衡—新平衡的循环中不断丰富、提高和发展。

综合起来，建构主义学习理论的基本思想：

（1）强调以学生为中心。即充分发挥学生的首创精神，将知识外化和实现自我反馈。

（2）强调"情境"对意义建构的重要作用。学习总是与一定的社会文化背景及情境相联系的，在实际情境中进行学习，可以使学习者利用原有认知结构中的有关经验去同化和索引当前学习的新知识，从而赋予新知识以某种意义。

（3）强调"协作学习"对意义建构的关键作用。学习者与周围环境的交互，对一些新内容的理解起着关键性的作用。学生在教师的组织和引导下一起讨论和交流，共同建立起学习群体并成为其中的一员。在这样的群体中，共同批判地对各种理论、观点、信仰和假说进行协商和讨论。经过学习群体共同完成所学知识的意义建构，而不是由其中某一位或几位来完成。

（4）强调对学习环境（而非教学环境）的设计。学习环境是学习者可以在其中进行自由探索和自主学习的场所，在此环境中学生可以利用各种工具和信息资源（如文字材料、数值、音像资料、计算机辅助教学课件以及互联网上的信息）来达到自己的学习目标。学习环境是一个支持和促进学习的场所，应对学习环境进行设计而非进行教学环境的设计。

（5）强调利用各种形式的资源来支持"学"而非支持"教"。为了支持学习者主动探索和意义建构，在学习过程中要为学习者提供各种信息资源。

（6）强调学习过程的最终目的是完成意义建构。传统的教学设计中，教学目标高于一切，它既是教学过程的出发点，又是教学过程的归宿。在建构主义的学习环境中，强调学生是认知主体，是意义的主动建构者。学生对知识的意义建构是整个学习过程的最终目的。

因此，情境、协作、会话和意义建构是学习环境的四大要素。在建构主义学习理论指导下的三种教学方法是支架式教学、抛锚式教学、随机进入式教学。

·支架式教学：教师为学生营造一个解决问题的概念框架，通过适当的启发引导，帮助学生沿框架逐步攀登，并逐渐放手，让学生自己继续向更高水平攀升。

·抛锚式教学：以真实事例或问题为基础，让学生自主地到真实环境中去感受、体验、调查研究、分析和解决问题。教师可以向学生提供解决问题的有关线索，例如从何处搜集资料，专家解决此类问题的探索过程等。

·随机进入式教学：以尽可能多的角度，呈现事物的复杂性和问题的多面性。学生通过不同途径多次进入同一学习内容，就能达到对所学知识全面而深刻的意义建构，同时发展理解能力、思维能力和对知识的迁移运用能力。

在建构主义学习理论指导下，教师不再是知识的传授者，而是学生的帮助者，为学生提供有利于意义建构的学习环境，使学生能够为所学知识建构完整的意义，并进行主动的学习。学习环境的建构包括制作学习软件，提供学习指导，执行教学计划等。

但在建构主义学习环境下，不能把教学目标与意义建构对立起来。在完成教学目标分析的基础上，选出所学知识的基本概念、原理、方法和过程作为当前所学知识的主题，再围绕这个主题进行意义建构。

在职业教育中，学习和教学过程是一个极其复杂的过程，不可能用一种理论来全面概括教学和学习的规律，上述理论都是从不同的角度或不同侧面来阐述教与学的规律。在具体的职业教育过程中，要选用恰当的学习理论来指导，使教育技术真正达到优化教育教学的效果。

（五）社会学习理论

班杜拉的社会学习理论认为：行为主义几近"环境决定论"，个体行为（反应）由外部环境（刺激）决定；而认知主义则几近"个人决定论"，个体行为（反应）由个体（内部因素）决定，这两者都是"单向决定论"。实际上，个体（认知和其他个人因素）、环境和行为（反应）作为相互交错的因素而起作用，它们之间相互影响，三者交互作用的模型如图 2-2 所示。

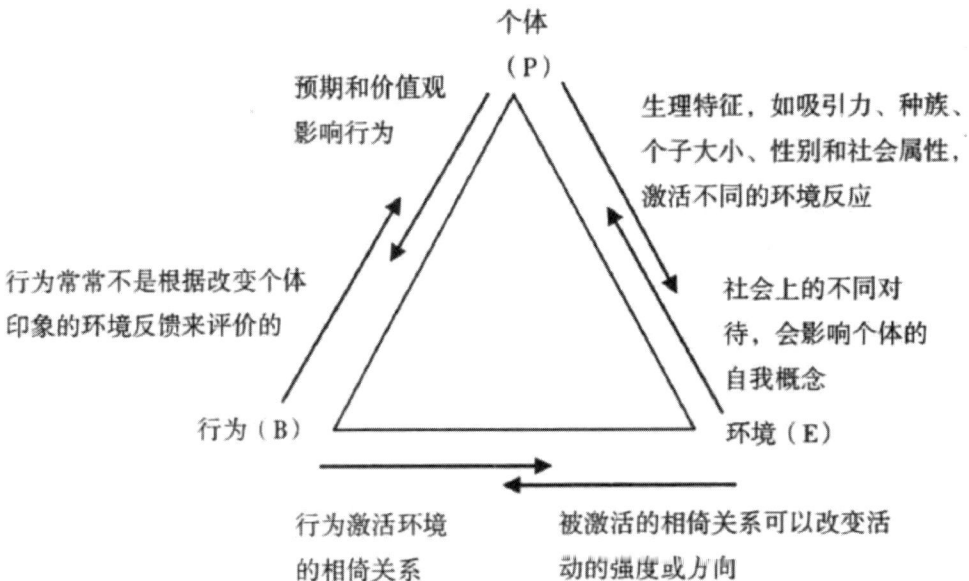

图 2-2　交互作用模型

班杜拉社会学习理论的基本原理：

（1）人类的许多学习都是认知性的，一个人的认知内容对一个人的知觉、解决问题的能力和动机等发生决定性影响。

观察者以某种方式注意示范事件，通过观察学习到的东西必须用符号加以编码和储存。观察者具有相应的动作能力去再现由编码符号保持的示范事件，在适当的诱因动机下，观察者表现习得的行为。

（2）展现示范可产生不同的效应。它们分别是观察学习的效应：习得新的反应；抑制效应：加强或削弱已有行为的抑制；促进社交的效应：引发行为库中已有的反应。

（3）反应结果是人类学习的主要来源。反应的发生会导致某种结果，这种结果对个人的行为产生影响，反应结果具有信息功能、动机功能、强化功能。信息功能是指个体了解某些行为在某种条件下会导致成功或失败，从而对某种条件下的行为结果做出假设。动机功能是指个体已掌握的信息，可以通过预见和期望，成为行为的诱因。强化功能是指个体提高或降低原来这种反应的效率。

（4）观察学习是学习的另一个重要来源。人类的许多行为都是通过观察他人的行为及结果而习得的，观察学习的完整过程包括四种成分，缺一不可，如图 2-3 所示。

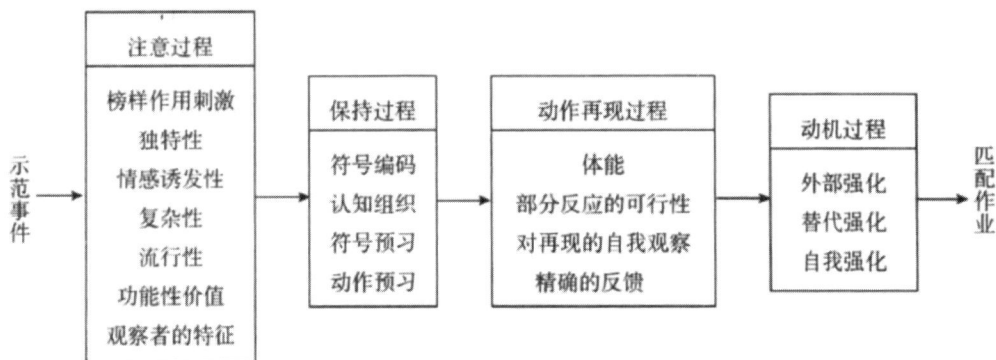

图 2-3　观察学习过程

（5）观察学习是规则和创造性行为的主要来源。班杜拉在其理论中十分强调自我效能感作用，自我效能感是人们对自己能否有效地进行某一行为的判断，它对人们的行为起调节作用。自我效能感决定人们对活动的选择以及对该活动的坚持性；影响人们在困难任务面前的态度；影响人们新行为的习得及习得行为的表现；影响人们活动时的情绪。

总之，根据班杜拉的个人、行为、环境三者相互依存的互动理论，教育信息化环境对学生行为的影响以及信息技术对教育教学的作用是显而易见的，信息化时代所需要的人才，必须在信息化的环境中培养。

三、教育传播理论

传播是人类社会信息交流的过程，是人类利用各种媒体把信息从信息源传递给接受者的过程。

（一）教育的传播模式

传播可分为大众传播和人际传播两大类。按传播内容可以分为：新闻传播、教育传播、经济传播、娱乐传播、科技成果和服务传播。

传播过程是一种信息存储和交换的复杂过程。人们为了研究这一复杂过程，首先将这个过程简化为若干个组成要素，然后分析这些要素在传播过程中的地位和作用，以及这些要素之间的相互联系和相互作用，这样就构成了多种多样的传播模式。如拉斯韦尔模式、香农模式、施拉姆模式、贝罗模式。

1.拉斯韦尔模式

拉斯韦尔模式（也叫5W模式），把传播描述为一种直线型的单向过程，把传播过程看成由5个部分组成，对教学过程的分析富有启发性，如图2-4所示。

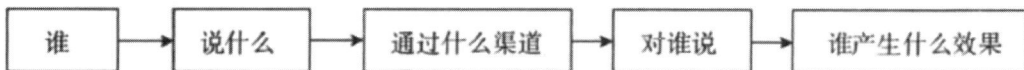

| 谁 | → | 说什么 | → | 通过什么渠道 | → | 对谁说 | → | 谁产生什么效果 |

图2-4　拉斯韦尔模式

2.香农—韦弗模式

香农—韦弗模式（图2-5），把传播描述为一种直线性的单向过程，包括信息源、发射器、信道、接收器、接受者以及噪声六个因素，这里的发射器和接收器起了编码和解码的功能。传播过程中，还有一些噪声对它起干扰作用。

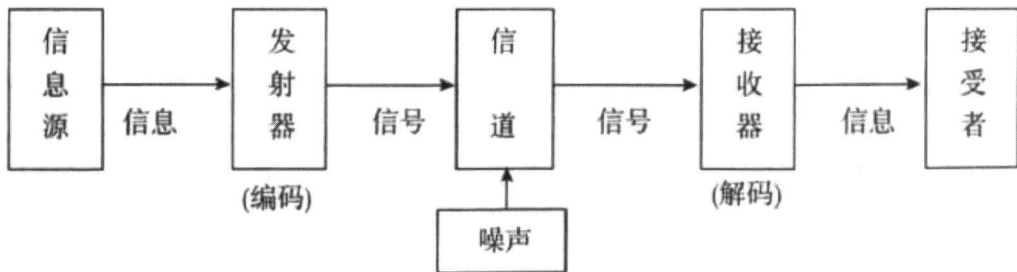

图2 5　香农—韦弗模式

3.香农—施拉姆模式

施拉姆对香农的传播模式做了改进，加入反馈，强调信息源与信息接受者的经验领域有重叠的经验部分时，传播才能完成，如图2-6所示。

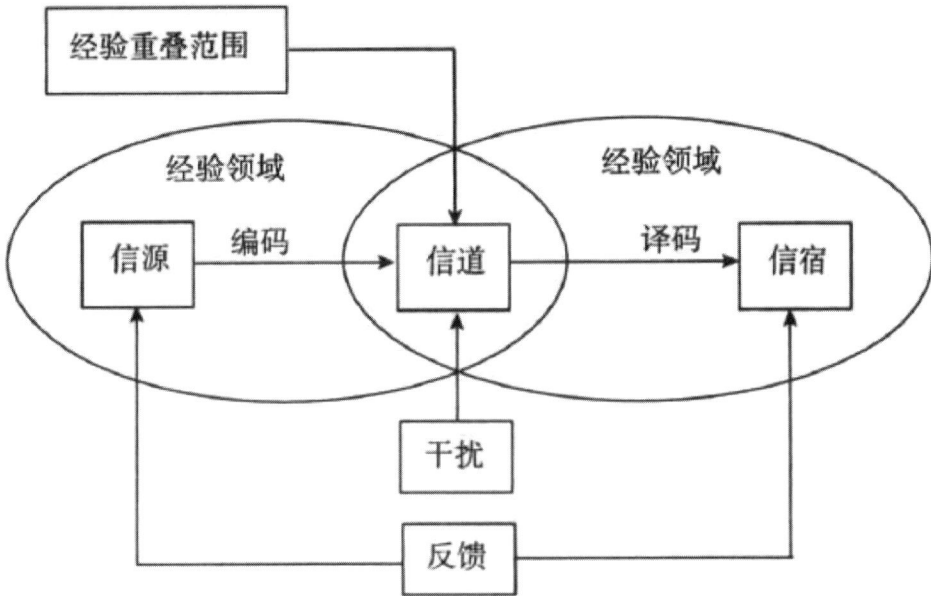

图 2-6 香农—施拉姆模式

4. 施拉姆模式

在施拉姆提出的循环传播模式中，标明了传播的双向性。在传播过程中，传播者和接受者都是根据他们的知识和技能进行编码译码。该模式着重强调传播的双向性，传授双方同时是编码者、释码者、译码者，如图 2-7 所示。

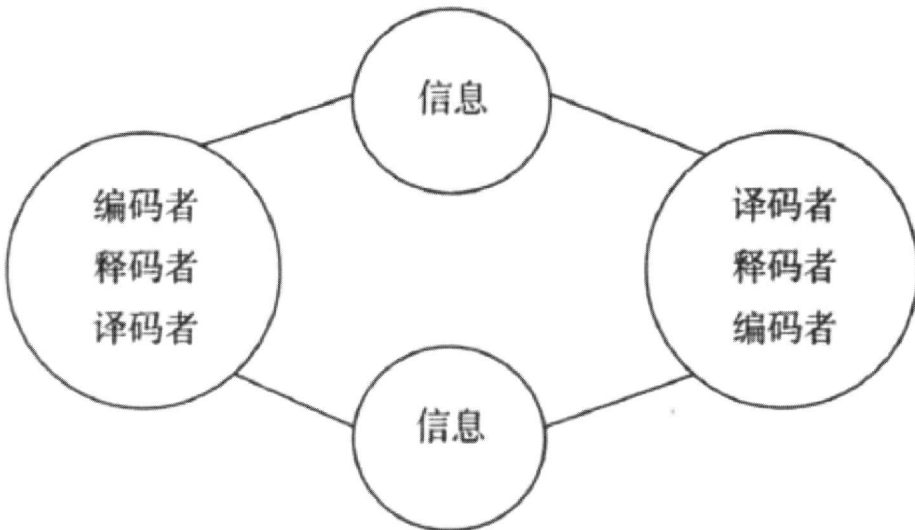

图 2-7 施拉姆循环模式

贝罗的传播模式（也叫 SMCR 模式）把传播过程分解为 4 个基本要素：信息源、信息、通道和接受者，如图 2-8 所示。

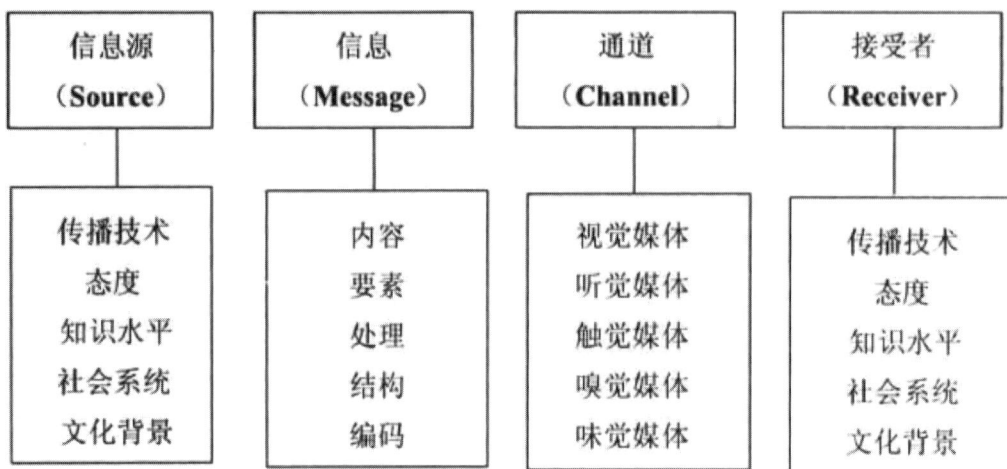

图 2-8 贝罗的传播模式

信息源和接受者：影响信息源和接受者的主要因素是他们的传播技术、态度、知识水平、社会系统以及他们具备的文化背景。

信息：影响信息的因素有符号、内容。

通道：指传播信息的各种媒体。包括视觉媒体、听觉媒体、触觉媒体、嗅觉媒体、味觉媒体。

贝罗传播模式着重描述传播过程各个要素的基本特征。

（二）教师在教育传播过程中的任务

作为传播者，教师在教育传播过程中处于发送信息的一端，主要的任务是提供教学信息并对教学信息进行编码以及教学信息再反馈。

提供教学信息：根据教学目标要求，选择和收集适当的信息总内容，以一种学生容易理解的方式，组织和编排教学内容和材料。

对教学信息进行编码：把要传递的教学信息内容转换为能够传递的信号，以便传送出去。比如将知识转换为声音信号、文字信号、图像信号等。

教学信息再反馈：当学生把接受信息后的反应反馈给教师后，教师对学生的反应进行译码、分析，然后把教学信息传播的效果再反馈给学生。

（三）影响传播者和接受者传播能力的因素

在传播过程中，影响传播者和接受者传播能力的因素主要包括两个方面：

1. 传播技能

传播技能包括语言的传播技能和非语言的传播技能。语言的传播技能包括说和写的技能；非语言传播技能包括姿势、感情和动作等。教学传播的成功，选择和应用媒体的技能，很大程度上依赖于教师的传播技能。

2. 态度

影响传播者和接受者传播能力的态度：对自己的态度；对学科的态度；对接受者（传播者）的态度。接受者（传播者）对自身知识水平和能力的信心，积极的自我意识；对学科的了解程度，是否喜欢这个学科，是否感到它很重要；是否认可接受者（传播者），这些因素都会大大影响传播的能力。例如，教师对学生的态度也会影响他们和学习者之间的有效的信息交流。

总之，教育教学过程是一个信息的传播过程，借助传播理论，揭示教学系统中各个要素之间的联系，描述教学过程中信息的传播。教育教学活动可以被看成是一种教育教学传播活动，因此，教育传播是指教育信息的传播活动，它是按照一定的教育目标，通过教学媒体，把相应的教育信息传递给特定教育对象的过程。

四、系统科学理论

系统科学是以系统思想为中心的一类新型科学群，主要包括控制论、信息论、系统论。近年来，系统科学的学习原理被广泛应用于教育系统分析及课堂教学的信息加工、反馈与控制等方面。系统科学理论的三对相关概念和三个原理对教育系统设计有直接的指导作用。

（一）系统科学相关概念

1. 系统与要素

系统是指由相互联系、相互作用的两个以上要素构成的具有特定功能的有机整体。

要素是系统中的主要元素，是系统的主要组成部分。要素以其特有的功能保证系统功能的实现，是完成系统某种功能的最小单元。系统的要素共存于系统之中。它们是相互依存、缺一不可的。系统中各要素的关系是对立统一的关系。系统包括要素，要素是系统的组成部分；没有要素就没有系统，反之，没有系统就没有要素。

要素与系统在一定的条件下可以相互转化，即在不同的层次上可以相互转化，如图 2-9 所示。

图 2-9　系统与要素的关系

2. 结构与功能

结构是系统中各要素之间的关系和联系的形式。结构形成了系统的组织特性，结构不同，决定着系统中具有不同功能的要素起的作用不同。

功能是指系统在一定环境中所能发挥的作用，它不仅决定于系统的各个要素的作用，而且决定于要素之间的关系和联系，即决定于系统的结构。

结构与功能相互依存、相互联系和相互决定。没有结构就没有功能，功能总是由一定的结构决定，结构也是由一定的功能形成。二者相互制约，结构决定功能，功能反作用于结构。系统的结构发生变化到一定程度，会导致系统产生新的功能；系统的功能发挥到一定程度，也会导致系统出现新的结构。

3. 过程与状态

系统状态的运动变化即过程。系统过程的运动在某一时刻的特性体现即状态。状态是系统稳定的一面，是系统过程的结果；过程是系统变化性的一面，是系统不同状态的连续。系统状态的变化构成了过程。状态与过程是不可割裂且相互联系的，没有过程的状态是不存在的，没有状态的过程也是不存在的。两者相互依存，相互联系。系统的状态决定和影响着过程，系统的过程也决定和影响着新的状态，两者往复循环，相互制约。研究系统的状态与研究系统的过程结合起来，通过过程去研究状态，通过状态去认识过程。

（二）系统科学原理

1. 反馈原理

反馈是控制的基本方法和过程。将系统过去控制作用的结果再送入系统中去，使其作为评价控制状态和调节以后控制的根据，这一信息传递过程就叫反馈，如图 2-10 所示。

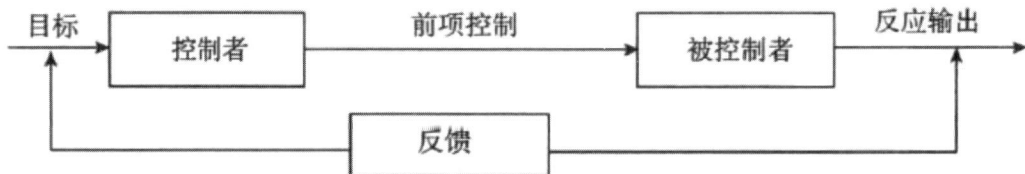

图 2-10　反馈原理

任何系统只有通过反馈信息，才能实现有效的控制，从而达到控制的目的。所有控制系统的信息通道必然是一个闭合回路，没有反馈信息的系统不可能实现控制。教育是否已经达到教育目标，需要及时了解教育的现状，找出现状与目标的差距，从而改革教育过程。

任何系统只有通过相互联系形成整体结构才能发挥整体功能。任何系统的整体功能等于各个组成部分功能之和，加上各部分相互联系形成结构所产生的功能。

2. 整体原理

$$E_{整体} = \sum E_{部分} + E_{联系}$$

在教学中，可以采取整体—部分—整体的策略进行教学，任何学科的教学，不能仅仅传授一些孤立的知识，要注意各知识之间的内在联系，使学生形成学科的整体结构，在掌握各部分教学内容的同时把握部分与部分之间的关系，把握学科知识与相关学科之间的外在联系等。在教育技术中，不能孤立地看待各种媒体的作用，不能孤立地看待信息技术的作用，要从整体的、全局的角度探索教育技术。

3. 有序原理

系统开放，有涨落，远离平衡态，才能走向有序。系统与外界有物质、能量、信息的交换，才能走向有序。有序是指系统的组织化程度走向增加，如系统由低级结构走向较为高级的结构，系统的功能也随之增加；系统从无序的混乱状态走向有序是系统的发展。涨落是指因系统内部因素的影响，对系统稳定状态（平衡状态）的偏离。而远离平衡态的非平衡态，则是有序之源。

在认知过程中，正是认知关键点上的涨落，导致认识上的飞跃，产生直觉、灵感、顿悟。实际上，皮亚杰关于认识发展的同化和顺化就是非平衡的两种体现，经同化和顺化得到新的图式与涨落，导致从非平衡走向平衡，如图 2-11 所示。

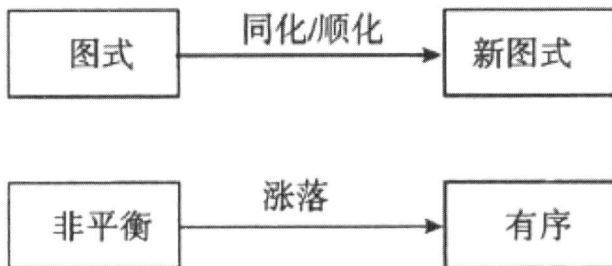

图 2-11 有序与图式

另一方面，人的学习是从易到难、从低到高，也是一个有序的开放系统。大脑的思维过程，就是大脑内各认知子系统之间交换信息的有序过程，因此，有效的学习必须善于思考，善于协作交流，吸收来自各方面的有用信息，并在知识的迁移使用中不断地改正错误，改进学习方法，使自己的认知结构越来越有序，表现出来的能力也就会越来越强。

第四节 职业教育教师的信息化教学能力

一、职业教育教师信息化教学的基本技能

职业教育教师的信息化教学在仿真课、理论课和实践课中应用的具体形式不同，但是职业教育信息化的教学理念是相同的；就是让学生能更好地接受教育教学，掌握知识内容，熟练、规范地操作加工合格零件；评估加工方案和加工程序的合理性与可行性，并能进行检查和评估；能够认真细致地观察、发现、分析和解决问题，与他人进行交流和沟通，有较强的团队协作精神。在仿真课中，教学环境一般达到学生每人一台计算机，计算机系统内都配备专业所需要的仿真系统软件，利用虚拟技术等先进教育技术开展教学，在这样的环境中，职业教育的教师就要具有较强的计算机虚拟现实技术，熟悉学生的认知发展规律，掌握学生的职业成长过程；理论课教学一般在车间内进行，车间内配备多媒体教室，在这种课程中，职业教育教室要具有整合信息化工具的能力，将信息化工具作为辅助教学工具，用来提高课堂的教学效果；实践课的实训一般都按"教室＋车间"模式布置，具有"车间里面有教室，教室旁边有实训设备"的环境特点，完全满足课程"教学做一体化"教学要求，这就要求职业教育教师不仅要具有职业资格技能水平，还要具有信息化教育教学能力，能够根据职业教学的特点编写电子教案、课件，能够运用现代教学手段进行教学，并能在教学中熟练地操作示范。

（一）现代教育观念

随着职业教育信息化进程的加快，现代信息技术在职业教育中的应用，不仅强烈地冲击着人们的教育思想观念，改变着教育教学的环境、过程、方式、方法，同时对教师的角色也带来了深刻的影响。职业教育信息化要求教师具备信息化教学的基本技能，其主要包括以下几个方面：

首先，现代教育观念体现在教师的学习上。现代学习理念不再单方面强调教，更关注学习者如何学，强调对学习者的学习需求和学习特点的研究，重视学习者的个性需求。因此，教师的角色发生了重大的转变，即从知识的传授者变成教学活动的设计者，学习环境的开发者，学习者学习过程的帮助者、调控者和评价者。

其次，现代教育观念还体现在教师的技术观上，即如何看待信息技术的作用。从"以学为中心"的学习观出发，信息技术的应用旨在为学生的主动探究、协作学习服务，创建相应的学习环境成为技术应用的核心。技术不应当仅仅成为教师传递知识的工具。

（二）教育信息资源获取与应用能力

信息化教学设计强调以现代教育理论为指导，以信息技术为主要手段，充分利用各种教育信息资源，对教学过程的各个环节做出科学合理的规划，使教师的教和学生的学与信息化时代紧密相连，以培养符合信息时代要求的人。因而，教师必须具备获取信息资源与应用的能力。

二、职业教育教师教学设计与实施能力

信息化教学设计是指以信息技术为支撑的教学过程设计，旨在在教学中把技术资源和课程有机整合，促进教学过程的最优化。教学设计是信息化教学的重要思想和方法，它是运用系统方法确定教学目标、组织教学资源、选择教学策略、制定教学方案和评价教学效果的过程。对于职业教育教师而言，信息化教学设计与实施能力，是信息化教学素养的核心能力。职业教育教师教学设计技能在后面的章节中详细介绍。

三、职业教育教师教学支持与管理能力

在以多媒体计算机和网络通信为主的现代信息技术环境下，职业教育教师必须具备信息技术与课程有效整合的能力，具有查询、设计和开发信息化教学资源的能力。学习环境的变化，为各种学习组织形式提供了良好的条件。但要发挥信息化学习环境在教学中的作用，教师必须对学习环境进行管理。教师需要创设适合教学内容的学习环境，协助学生适应学习环境，及时解决教学过程中出现的各种问题，在学习环境中设计各项学习活动等。

四、职业教育教师教研与发展能力

现代职业教育呼唤广大教师的专业发展，其核心之一乃是科研素养，这是教育改革的原创潜能，也是衡量职教教师成熟的重要标准。在教师专业化发展的背景下，教师如何在教学专业上不断成长，更新专业结构、提高专业水准、获得持续发展，是每个教师在其职业规划时必须考虑的问题。从这一视角出发，相对于传统教师的要求，职业教育教师更应在教学研究能力和终身学习能力方面有所提升。教师作为研究者，需要重新审视理论与实践的关系，通过自身的教学实践反思，促进教育理论的发展。信息社会是学习型的社会，对每个人都有终身学习的要求，教师更应成为终身学习的对象。因此，如何运用信息技术，促进教师自身的专业化发展，是教师信息化素养所关注的重要方面。

研究型的职教教师既是目标也是过程，其核心观点是教师善于将科学知识、教育

理论、科研方法和现代信息技术整合在一起，产生良好的效能感和反思能力。通过教育教学研究，职教教师能根据教育情景的变化，及时而灵活地采取恰当的行为来促进教育的开展；遵循教育规律形成独特的教育风格，形成高质量的教育成效和科研成果。同时，教研活动也是联系教师与课堂教学的纽带，职教教师的教研对于创造性地实施理论课程与实践课程，全面落实人才培养目标，切实提高教育教学质量，促进职教教师的专业发展具有重要的意义。

网络作为现代信息技术的典型应用，为职教教师的教育科研提供了有力的支持。首先，利用网络可以突破时空限制，实现教师之间的资源共享。其次，通过网络可以促进教师之间的合作学习、交流与反思。以 ICQ、BBS、E-mail、Blog 为主的网络交流工具可以加强教师与学员、教师与专家之间的合作学习与交流对话，网络则为这样的合作交流提供了便利的平台。另外，社会性软件 Wiki 作为一种网络化写作工具和协作化创作方式，可以实现共同创作、合作完成某项任务，受到越来越多的教育者关注，非常适合开展课题研究。

五、职业教育教师合作与交流能力

在信息化教学环境中，每个职业教育教师的力量是有限的，教师之间必须加强合作，相互学习。因为教师之间在知识结构、智慧水平、思维方式、认知风格和技术水平等方面都存在着很大差异，所以即使讲授同一课题，教师在教学内容处理、教学方法选择、教学设计等方面也有明显的差异。这种差异是一种宝贵的教学资源。通过不同教师讲授同一内容的互动，可以相互启发、相互补充，实现思维、智慧的碰撞，产生新的思想，使原有的观念更加完善和科学。

在新课程教学的理念下，职业教育教师之间的合作交流，除了校内教师的合作交流外，还要加强与其他职校教师的交流，开阔眼界、启发灵感、提供借鉴。

现代信息技术的发展，为职教教师的合作与交流提供了多样化的方式和途径。数字化的虚拟学习社区为职教教师提供了交流的平台，使职教教师结成学习共同体，在共同学习中形成学习型组织，实现专业发展。

第三章　职业教育信息化教学模式

第一节　职业教育信息化教学模式概述

随着计算机、多媒体、网络和人工智能技术的快速发展，信息技术对社会的各个领域均产生了重大影响，特别是改变了人们的教育与学习方式。信息化教学是现代信息技术与教育教学实践结合的产物，改变了传统的教学观念、教学方法及教学模式等。职业教育在信息化时代也毫无疑问地被刻上了信息化的时代印迹，信息化教学同样对职业教育领域产生了重要影响。

一、信息化教学模式的内涵

模式是依据一定的理论基础表征现实活动和过程的一种模型或形式。一种模式蕴涵着某种显现的或潜隐的理论倾向，代表某种对象活动结构或过程的范型。一般通过数学、图形或文字的方式，以一种简洁的形式再现对象的活动结构和操作程序，是处于理论和实践经验之间的中介，充当沟通理论与实践的桥梁。模式有三个显著的要点：第一，模式是现实的再现，即模式是现实的抽象概括，来源于现实，但终归于指导现实的改变；第二，模式是理论性的形式，是一种理论，而非工艺性方法、方案或计划；第三，模式是简化的形式，是高度抽象概括后以简约明了的方式表达出来的。

教学模式是指在学习环境设计理论与实践框架的指导下，为达成一定的教学目标而构建的教学活动结构和教学方式。教学模式是将学习环境设计理论转化为具体教学活动结构和操作程序的中介，一方面，教学模式的构建要自觉遵循学习环境设计理论，另一方面，要根据具体的教学实践情境，确定相应的教学活动结构和操作程序。教学模式的上位概念是学习环境设计理论，下位概念是教学策略、方法和技巧。

教学模式具有如下显著特征：

第一，原型（prototype）：是对教学活动方式的抽象概括，源于教学活动经验。成熟的教学模式的基本结构相对稳定，但不等于公式，一成不变，而是一个开放的和不断完善的动态系统。

第二，模型（model）：是各要素及其相互关系结构化、简约化的表达方式。教学模式是对理论基础、目标、条件、策略/方法和评价的有机整合，是对教学的空间关系和时间关系的系统概括。在空间上表现为多要素的相互作用方式，在时间上表现为操作的过程和顺序。

第三，范型（pattern）：在一定的范围内，教学模式具有一定的代表性和示范性。任何教学模式都具有一定的适用范围，有其独特的运作条件和系统的策略/方法。

由于其形象具体的表征、开放性的动态结构和可操作性的特点，因而它具有启示、借鉴、模仿和迁移、转换的价值。

教学模式有5个基本构成部分，即理论基础、目标倾向、实现条件、操作程序和效果评价。具体来说，教学模式以哲学、心理学、文化学、教育学和技术学等方面为理论基础，针对特定的教学目标而构建，教学模式是各种条件（如教师，学习者、内容、技术、策略、方法、时间和空间）的优化组合结构，具体教学活动程序可以根据实际的教学情境而灵活变通。因目标、程序、条件等方面的不同，每种教学模式有不同的评价标准和方法。

信息化教学模式是在新的时代条件下教学模式的新发展，是指技术支持的教学活动结构和教学方式。它有着技术丰富的教学环境，直接建立在学习环境设计理论与实践框架的基础上，包含相关教学策略和方法。它的表层特征是信息技术的应用，深层特征则涉及人才观、教育观、学习观、教学观、技术应用观和评价观等方面的系列变化。钟志贤教授将传统教学模式和信息化教学模式进行了比较，见表3-1。

表3-1 传统教学模式与信息化教学模式的对比

要素	传统教学模式	信息教学模式
学习目的	重知识/职业/生存准备	重能力/潜能激发/自我完善
学习内容	变化缓慢/单学科呈现	变化迅速/跨学科交叉
学习过程	重视结果	重视过程
学习方法	重传输/接受	重启发/探究/协作
信息呈现	单一化	多样化/多媒体化
组织形式	班级/集体授课制	重个别化/远程合作化
学习动力	外在强制	自主自发
学习管理	手工作坊式	计算机管理
学习评价	纸笔测验为主/重结果	绩效评价/作品评价/重过程
教师角色	知识的传授者	学习的帮促者/指导者/组织者
学生角色	被动的接受者	运用信息工具的主动探求者
师生关系	主宰/听从	主导/主体/平等

二、职业教育信息化教学模式的内涵

从现代化的角度看，始于 20 世纪 40 年代的第三次科技革命推动发达工业国家在 20 世纪 50—70 年代先后完成了第一次现代化，人类社会由工业时代进入了知识经济时代，开始了第二次现代化进程。职业教育也在教育的民主化、终身化和现代化的趋势中，进入了信息化发展时期，成为教育信息化的重要组成部分。

1999 年联合国教科文组织召开了第二届国际技术与职业教育大会，为 21 世纪第一个 10 年设计了行动计划，包括将职业教育作为终身教育体系的重要组成部分、进行职业教育课程改革、进行全民职业教育、完善政府等部门的角色以及加强国际合作等方面，成为各国改革与发展职业教育的依据。2006 年，美国颁布并开始实施《帕金斯法案》，该法案以更全面、充分地发展并接受中等和中等后职业教育的学生的学业和职业技术技能为目标，全面体现了"从学校到工作"到"从学校到生涯"理念的转变。2002 年欧盟启动了"哥本哈根进程"，旨在加强各成员国在职业教育与培训领域的合作，并于 2008 年 4 月推出了欧洲职业教育与培训学分系统。这些措施是对知识社会中职业教育信息化、终身化发展态势的回应。

我国自 1978 年以来启动了社会主义现代化建设进程，30 多年来，我国职业教育事业发生了重大变化，一个学历教育与职业培训并举、形式多样、灵活开放、有中国特色的职业教育体系框架已基本形成，极大地提高了我国劳动者的素质，明显地改善了我国从业人员的结构，有力地支持了我国社会主义现代化建设，在我国现代国民教育体系和终身教育体系建设中发挥着极其重要的作用。在职业教育信息化方面，积极构建职业教育信息化的国家主干网络。在职业教育信息化初期，由于职业学校校园局域网的网外运行受网络运行空间、运行速度、运行成本等诸多因素的影响，职业学校校园网是局域网性质，实现的是校园内部的数字化教学与管理，"信息孤岛"现象严重。近年来，职业教育信息化的国家主干网络初步建成。2002 年建成了"中国职业教育与成人教育网"门户网站。国家级重点中等职业学校评估管理信息系统（2004 年）、全国中等职业学校毕业生就业信息服务平台（2006 年）、全国中等职业学校学生管理信息系统（2007 年）等专业网站陆续开通和使用，职业教育系统办公信息网的架构基本建成。同时，大力开发职业教育信息化的课程资源。教育部面向全国中等职业学校、职业教育科研机构和有关出版单位征集评选优秀多媒体课件，并将征集到的优秀课件公布在国家级相关网站，供全国中等职业学校的师生学习和使用。此举是加快职业教育课程资源建设的重要举措，在这样的背景下，职业教育信息化成为时代的必然选择。

职业教育的本质是在专门学习场所或工作场所通过信息传递来促进人的职业素质发展的实践活动。《中华人民共和国职业教育法》明确提出："职业教育是国家教育事业的重要组成部分，是促进经济社会发展和劳动就业的重要途径，培养目标应以培养社会大量需要的具有一定专业技能的熟练劳动者和各种实用人才为主。"它的主要特点：

第一，区域性。职业教育的区域经济功能已经成为推动职业教育发展的根本动力，并且职业教育真正承担起了推动经济发展的重任。因此，职业教育必须针对本地区经济社会发展的状况，针对岗位需求状况，开展教学工作，以便更好地服务于地方经济、社会。

第二，实用性。职业教育培养目标就是要突出"实用""应用"等特点，必须使教学与生产实践紧密结合，必须考虑实践教学方案和实训基地的融合，加大实践能力培养，要多给学生创造企业生产环境，使学生了解、熟悉并掌握企业的生产规律、工艺、设备和技术等。

第三，开放性。职业教育的对象不仅是应届学生，还包括为转岗换岗而继续学习的群体，可以说职业教育对象的差异性非常大。同时，他们对学习时间上的要求也是灵活多样的，必须灵活安排教学，以便学生根据自己的实际情况选择合适的上课时间。

第四，时代性。职业教育是培养生产、技术、管理和服务第一线的高素质技能型专门人才的教育，这就要求职业教育必须及时关注新技术、新工艺，及时在培养目标、课程开发及专业设置等方面做出积极调整，这无疑使职业教育具备了鲜明的时代特色。

在终身教育的时代诉求和职业教育特点的要求下，信息技术成为职业教育内涵式发展和现代化进程中的重要支撑力量，职业教育的信息化程度与深度直接影响职业教育的广量与长远发展。职业教育信息化教学模式是职业教育信息化过程中的重要方面，运用信息化教学模式提升职业教育教学质量是职业教育发展的关键环节。

职业教育信息化教学模式是指在学习理论与实践框架指导下，在信息技术的支持下，为促进人的职业素质发展而构建的教学活动结构和教学方式。它是学习理论与具体的职业教育教学活动之间的中介，是理论向实践转化的桥梁。支撑这个桥梁的重要支柱就是信息技术。职业教育信息化教学模式的表层特征是信息技术在职业教育教学实践中的应用，深层特征则涉及职业教育的人才培养观、终身教育与学习观、技术应用与创新观等方面的系列变化。

三、职业教育信息化教学模式的特点

职业教育信息化教学模式具有以下特点：

（一）开放性

信息化的教学模式可以依托于校园网、因特网进行构建，使教学资源实现网络化的收集和管理。利用网络资源的共享性，教学资源的范围得到极大的扩展，使得课堂上的信息来源变得丰富多彩，教师和课本不再是唯一的信息来源，教学资源的搜索速度和利用效率也得到很大的提升。同时，教学媒体的交互性使得学生可以通过多媒体技术完整地接受和主动参与教学过程，自主地选择学习的内容和进度，并可以随时和教师、同学进行交流，这样使得网络上的教学资源可以不断地更新，有利于新知识、新技术、新观点的传播。

（二）实用性

信息化教学模式下的教学可以运用多种媒体，如文本、声音、图像、动画和视频，这些媒体的运用不仅能扩大知识信息的含量，还能使学生对学习的内容产生浓厚的兴趣，提高学生学习的积极性。多种媒体的运用还可以充分调动学生的多种感官，为学生提供一个良好的学习情境。对于以促进人的职业素质发展为宗旨的职业教育来说，信息化教学模式所体现出来的实用性使得教学绩效大大提升。

（三）主动性

在信息化教学模式中，现代教育技术手段的加入，尤其是多媒体计算机和网络的加入，使学习者学习的方式变得多样化。在信息化教学环境中，教师的主要作用不仅仅限于提供信息，更多的是培养学习者自身获取知识的能力，指导学习者的学习探索活动，让学习者主动思考、主动探索、主动发现。在整个教学活动中教师有时处于主导地位，但更多的时候是课堂教学的组织者、指导者和促进者。学习者有时处于传递—接受的学习状态，但更多的时候是在教师指导下进行主动思考与探索。教学媒体有时作为辅助教学的教具，但更多的时候是作为学习者自主学习的认知工具。所有这一切的中心指向学习者，从而有利于提高学习者学习的主动性和积极性。

（四）协作性

计算机网络特性有利实现协作式学习，培养学生的学习合作精神和意识，并能促进高级认知能力的发展。在网络环境中，不同的学习者通过相互协助、相互竞争或分角色扮演等多种不同的形式来参加学习。通过学习者间的协商和辩论，每位学习者的思维和智慧为大家所共享，从而有助于每个学生从不同的侧面加深对当前所学知识的理解、掌握和运用，并对高级认知能力的发展、合作精神的培养和良好人际关系的形成也有明显的促进作用。

（五）创新性

信息时代的学生要提高自身的社会适应性和自我发展能力，必须不断地学习，拓宽自己的知识面。众所周知，因特网是世界上最大的知识资源库，它拥有最丰富的信息资源，而且这些知识库和资源库都是按照符合人类联想思维的超文本结构组织起来的，因而特别适合学生进行"自主发现、自主探索"式的学习，这样就为培养学生的信息获取、信息分析和信息处理能力提供了理想的环境，为学生发散性思维、创造性思维的发展和创新能力的孕育提供了肥沃的土壤。

（六）高效性

改变传统教学模式、建立新型教学模式就是为了追求最优化的教学。信息技术的发展使人类生活的方方面面都大大提高了效率。在教育领域，技术被用来支撑高级的心智过程，当技术成为学生的认知工具时，能帮助学生用具体的方法来表征自己的思维，并使学生的推理过程可视化和得到验证，教学效果必将得到提升。尤其是现代网络、多媒体、人工智能、人机交互等计算机与通信技术的发展，为信息化教学模式的实现和增强提供了物质基础。

四、职业教育信息化教学的基本模式

（一）课堂讲授教学

课堂讲授教学模式是最传统的一种教学模式，信息化条件下的讲授型教学模式对传统的讲授型模式有很大的改进，在教学资源的多样性和教学的互动性等方面取得了突破。该模式下的教学资源多数是通过多媒体课件和校园网资源库等提供的文本、声音、图像、视频等的集合体，不仅信息量大，而且内容丰富，可以真正实现以学生为中心的情景式教学。

新的讲授型模式可以分为两类：

1. 同步式讲授

这种讲授模式的框架与传统讲授模式的框架基本相同，但教学内容更加丰富、生动形象。教师在课前可以准备好各种教学材料，教学过程中以计算机多媒体演示的形式向学生授课，甚至还可以通过网络视频会议的方式进行实时网络授课，通过软件实现随机问答。这种模式真正让课堂变得有声有色，极大地丰富了教学内容，增强了教学内容的表现力，能充分调动学生的各种感官，加深学生对学习内容的印象，真正提高了教学的效果。这种模式的可行性比较高，只要有一个比较通畅的校园网和功能齐全的多媒体教室，有比较丰富的多媒体教学资源，教师经过一定的培训就可以实现。这也是中职学校普遍采用的一种教学模式。

2. 异步式讲授

异步式讲授主要是教师按照教学要求将教学材料制成多媒体文件，存放在校园网络教学平台的教学资源库中，学生通过提取教学资源库的资料进行自主学习，从而达到教学目的。当学生遇到疑问的时候，可以通过电子邮件或者其他的网络联系方式询问教师，教师再给予解答。这种模式是一种完全的双向教学模式，可以 24 小时全天候在校园网上进行。在这种模式下，学生是学习的主体，教师只提供必要的指导。这种模式有助于提高学生学习的主动性，增强学生自我思考、自我解决问题的能力。

（二）个别自主学习

在传统的教学模式中，个别自主学习因为时间、场地等原因有很大的局限性。在信息化的条件下，个别自主学习模式将得以充分展开。网络教育平台可以为学生提供一个集成化的学习环境，包括多媒体学习系统、辅助学习系统、实践环境和师生交互环境等，学生可以在各个教师开设的网络虚拟教室中选择自己喜欢的课程进行学习。学生可以完全按照自己的安排完成学习，自主地选择学习内容的难度、进度，并可以随时通过电子邮件或者论坛（BBS）和教师、同学进行交流。这样的方式有利于互相启发、互相帮助、开阔思路、共同提高。这种模式有别于传统的个别辅导，是学生在进行自主学习之后提出问题，教师为满足学生个体的需要而实行的一种引导，即是对学生自行构建知识意义实行的一种引导，学生在学习中的主体地位显而易见。

（三）小组协作研究

小组协作研究模式是指教师通过计算机网络和多媒体等教学信息技术向学生提供不同类型的学习和研究专题，多个学生可以通过互相协作或者分角色扮演等多种不同的形式参加到专题当中，通过校园网络提供的自由讨论区对专题进行交流，从而对教学内容有比较深刻的理解和掌握。在共同完成某个学习内容的过程中，既强调了学习的个体化，培养了学生的创造意识、科学的思维习惯、发现问题和解决问题的能力，有利于学生高级认知能力的发展，又实现了教师与学生思维和智慧的群体共享。

（四）探索学习模式

传统的探索学习模式也是作为一种辅助的教学方式，而且由教师以权威者的角色组织，问题由教师提出，学生利用从教师与书本资料获得有关的知识信息，往往得出教师暗示、预设或直接提出的统一结论，很难达到探索学习的真正目的。信息化校园则可以为学生提供形式多样、内容丰富、大容量、交互性的供探索便捷使用的学习资源。虽然教师的权威在其中有所削减，但有利于学生根据探索主题，从充裕的资源库中自由取用信息；有助于在教师的指导下，通过探索实现教师和每位学生的思想智慧，为群体共享；有益于整个学习群体共同完成对所涉问题的意义建构。在这种模式下，教师要做的就是确定某些由学生自己解决的问题，在整个过程中对学生不能解决的问题给予启发和提示。学生能快速、平等地从网络上获取学习信息，充分利用网上的教学资源和智能化的教学环境进行探索发现。在问题的解决过程中，学生变以往的被动接受为主动探索，教师只给予启发和提示，而不是给学生做出结论。这种模式能使学生处于积极主动的地位，能更有效地激发学生的学习兴趣和探索精神，鼓励学生的创造和发明，对于提高高校学生的创造能力有很大的帮助。

（五）模拟学习模式

模拟学习模式是指利用多媒体计算机技术生成一个具有逼真的视觉、听觉、触觉、嗅觉的模拟现实环境，学生带上特制的数据手套和头盔等进入虚拟空间，与这一虚拟的现实进行交互作用的一种学习模式。在这种虚拟现实的环境中，学生进行实验、操作和探索，其效果与在相应的真实现实中体验的效果相似或相同，产生一种身临其境的效果。如训练宇航员、飞行员、驾驶员，采取虚拟现实训练法效果及佳，既逼真又安全，且经济、高效。据此原理，可设立虚拟实验室、虚拟科研所等，效果如真。虚拟现实与现实教学相比，前者更接近真实，它没有教学过程的解说、指导等，而安全度却又比真实现实高得多，但是，对硬件设备和资金支持要求比较高。

第二节　信息化教学的典型模式与案例

一、基于项目的教学模式

（一）项目教学的意义与内涵

项目教学是当今职业教育教学改革发展的一种方向和趋势。在职业教育中，项目教学是指师生通过共同实施一个完整的"项目"而进行的教学实践活动。其中的"项目"既可以是以生产一件具体的、具有实际应用价值的产品为目的的工作任务，也可以是一项服务。项目教学的指导思想是将一个相对独立的任务项目交予学生独立完成，从信息的收集、方案的设计与实施，到完成后的评价，都由学生具体负责。通过项目的实施，使学生了解和把握完成每个项目每一环节的基本要求与整个过程的重点难点。教师在教学过程中起到咨询、指导与解答疑难的作用。项目教学强调以工作任务为依托组织教学内容，以学生为主体开展教学活动，以多样化的解决任务的策略展示学习成果，它是一种按照市场、行业、企业的要求，有针对性地进行专业技能教学，从而更具体、更实际、更适合企业人才规格要求的一种教学模式。

项目教学之所以能作为一种新型的教学模式，并在当代职业教育界受到大力推崇，归结于它不但拥有足够的理论依据，还具有较强的实践价值。项目教学的理论基础主要有现代认知理论、建构主义学习理论、杜威的实用主义教育理论和情境学习理论等。其实践价值表现为：

1.促进教学思维的变革

项目教学体现了以生为本的教学理念，使人们意识到，学生是教学过程中的主体，不再是知识的被动接受者，而成为知识的主动建构者。教师只是学生学习的组织者、引导者、咨询者和评价者。通过项目教学，能使学生在项目活动中得到锻炼和提高，从而促使人们改变传统教学以知识为本、以教师为中心的教学思维。

2.能推进教学内容改革

在当前的一些职业教育教学中，理论性教学内容偏多，教学内容往往求全、求深，学生所需的实用性技能操作训练较少，因而难以满足生产实践的实际需求。实施项目教学，在很大程度上能避免这种状况的出现。项目教学趋向实用性，针对性强，开展项目教学，将会促使职业教育围绕"生产过程"开展教学，设置面向企业实际并服务于企业的课程内容，让学生在学习过程中掌握实用的专业技能。

3.能推动教学方法改革

项目教学注重合作与互动，采用较多的是工作小组的学习方式，它改变了以往学生被动接受的学习方式，创造条件让学生积极主动地去探索和尝试。在项目教学中，从情景创设到问题分析、信息收集、协作学习、评价展示，学生参与整个过程的每个环节，成为活动中的主人。这种师生之间互动多、学生之间合作多、学生亲身体验多的教学方法，有助于改变传统的"纸上谈兵"的陈旧教学方法。

（二）构成要素

项目教学主要由内容、活动、情境和结果四大要素构成。

1.内容

项目教学是以真实的工作世界为基础挖掘课程资源，其主要内容来自于真实的工作情境中的典型的职业工作任务，而不是在学科知识的逻辑中建构课程内容。内容应该与企业实际生产过程或现实商业活动有直接的关系（如采购材料，具体加工材料），学生有独立进行计划工作的机会，在一定时间范围内可以自行组织、安排自己的学习行为，有利于培养创造能力。

2.活动

项目教学的活动主要指学生采用一定的劳动工具和工作方法解决所面临的工作任务所采取的探究行动。在项目教学中，学生不是在教室里被动地接受教师传递的知识，而是着重于实践，在完成任务的过程中获得知识、技能和态度。活动的特点：首先，活动具有一定的挑战性。任务具有一定难度，不仅是已有知识、技能的应用，而且要求学生运用已有知识，在一定范围内学习新知识、新技能，解决过去从未遇到过的实际问题，通过解决问题提高自身的技术理论知识与技术实践能力。其次，活动具有建构性。在项目教学中，活动给学生提供发挥自身潜力的空间，学生在经历中亲身体验知识的产生，并建构自身的知识。

3.情境

情境是指支持学生进行探究学习的环境，这种环境可以是真实的工作环境，也可以是借助信息技术条件所形成的工作环境的再现。情境的特点：首先，情境能够促进学生之间的合作。在项目教学中，根据项目主题，学生从信息的收集、方案的制订、项目的完成到成果的评估，主要采取小组的工作方式进行学习，为了最终完成项目作品，他们相互依赖、共同合作。其次，情境有利于学生掌握技术实践知识、工作过程知识。技术实践知识与工作过程知识的情境性，决定了这类知识的掌握依赖于工作情境的再现。情境为学生职业能力的获得提供了一种理想的环境，并能拓展学生的能力，为他们走向工作世界做好准备。

4. 结果

结果是指在学习过程中或学习结束时，学生通过探究行动所学会的职业知识、职业技能和职业态度等。如技术实践知识、合作能力、创新能力。

（三）项目教学的基本特征

项目教学与传统的教学相比较有着自己的显著特征，具体表现：

1. 教学内容以工作任务为依托

项目教学是围绕教学任务或单元，设计出一个个学习环境及活动。它的一个重要价值就是消除了传统的学科教学所造成的诸多弊端。在职业教育的项目教学中，组织教学内容通常以教学项目的方式对教学内容进行整合，而教学项目往往是从典型的职业工作任务中开发出来的，教学内容突破了传统的学科界限，以项目为核心，按照工作过程逻辑建构教学内容。

以典型的职业工作任务为依托建构学习内容，有效地解决了传统教学中理论与实践相脱离、远离工作世界的弊端。理论教学内容与实践教学内容通过项目或者工作任务紧密地结合在一起。通过典型的职业工作任务，学习者可以了解所学职业的主要工作内容。同时学习者还可以了解到自己所从事的工作在整个工作过程中所起的作用，并能够在一个整体性的工作情景中认识到自己能够胜任有价值的工作。

2. 教学活动以学生为主体

从实践中看，项目教学中采用较多的是工作小组的学习方式，这不仅有益于学生特长的发挥，而且有助于每个学生的责任感和协作精神的形成，体验到个人与集体共同成长的快乐。同时，项目教学改变了以往学生被动接受的学习方式，创造条件让学生能积极主动地去探索和尝试。在项目教学中，从信息的收集、计划的制订、方案的选择、目标的实施、信息的反馈到成果的评价，学生参与整个过程的每个环节，成为活动中的主人。这样学生既了解总体，又清楚每一具体环节的细节。

3. 学习成果以多样化为特征

项目教学创造了使学生充分发挥潜能的宽松环境，其学习成果主要不是知识的积累，而是职业能力的提高。职业能力是一种综合能力，它的形成不仅仅是靠教师的教，更重要的是在职业实践中形成的，这就需要为学生创设真实的职业情景，通过以工作任务为依托的项目教学使学生置身于真实的或模拟的工作世界中。在项目教学中追求的不是学习成果的唯一正确性，因为评价解决问题方案的标准并不是"对"或"错"，而是"好"或"更好"。在项目教学中，每个学生会根据自身的经验，给出不同的解决任务的方案与策略。因此，学习的成果不是唯一的，而是多样化的。

（四）案例

项目名称：室内场景设计与动漫制作。

1.项目要求

根据客户提供的一张 CAD 房型平面图，利用 3DMAX 软件以及相应的辅助软件，完成室内三维综合布置装修设计以及整个室内的三维动漫设计与制作。整个项目设计过程分为 6 个子项目：

第一，CAD 图纸的简化处理与 3D 中的建模。

第二，室内家具与装饰品的场景合并与布局。

第三，3D 中灯光与材质的初步设置。

第四，在 Lightscape 中灯光与材质的进一步设置。

第五，图像在 Photoshop 中的后期处理。

第六，在 3D 或在 Lightscape 中的动漫制作与在 Premiere 中的视频编辑。

2.教学目标

第一，知识技能。学生在实际项目工作的情境中掌握室内装潢的一般流程，掌握 3D 软件的建模过程，掌握 CAD、3D、Lightscape、Photoshop、Premiere 等软件在制作效果图中综合运用的过程，以及摄像机动画的制作过程。

第二，过程与方法。通过教师、学生和网络的帮助，感受实际工作中室内场景和动漫设计的一般工作流程，学会解决问题的过程和方法，积累一定的设计经验。

第三，情感、态度和价值观。培养学生实际操作能力，以及与同伴合作交流的意识及能力。

3.项目分析

本项目把 3D 与室内装潢的整个工作流程结合在一起，以 3D 软件为主，其他软件为辅，各个软件取长补短，发挥整体优势，充分展示作者在作品中的设计理念和思维方式。本项目是对一个实际的房型图进行三维装潢，最终作品以图片和动漫视频的方式展现出来，让学生从亲身的感受中进行说、做和学，优化教学过程，改进学习方式，并且倡导学生主动参与学习和同学之间的交流合作，用不同的方式来学习知识。通过自己的讨论交流进行探索和实现问题的解决，形成一定的知识解决模型，最终解决实际生活问题，从而与行业进行零距离接轨。

项目重点：3D 的建模过程和室内模型材质的设置、灯光的打照技术以及室内装潢的一般工作流程（用案例演示一般工作流程）。

项目难点：灵活运用各种软件的优点，制作出高效率和高水准的作品。灵活运用各种知识，设计出更加人性化的方案。

项目重点、难点的突破：学生在教师的引导下完成项目，教师帮助学生提高水平。

4. 教学策略分析

第一，学习者分析。学生在学习该项目之前已经掌握了一般的 3D 建模技术和一些常用的修改命令，已经能够制作出简单的 3D 模型，对 CAD、Photoshop、Lightscape 和 Premiere 等软件的基本功能已经有所了解。

第二，教学理念和教学方式是师生之间、学生之间交往互动与共同发展的过程。计算机教学要紧密联系学生的生活实际，采用项目教学法学习，教师可以利用网络的优势，成为知识传播者、问题情境的创设者、尝试点拨的引导者、知识反馈的调整者。学生是学习的主人，在教师的帮助下和小组合作交流中，利用动手操作探索，发现新知识，自主学习。教学评价方式多样化，包括师生评价、学生评价、小组评价等多种方式。在课堂上利用工作表对学生的学习和练习做出评价，让每个学生都能体验到成功的乐趣。采用项目教学法，让学生把分散的知识点综合起来，应用于实际的行业工作中。

5. 教学准备

50 台联网计算机，多媒体教室。

6. 项目实施

第一，示范项目。以一个三室两厅房型图为例，细致地演示室内装潢的整个流程。

第二，实训项目。室内场景设计与动漫制作（教师提供 20 张户型 CAD 文件，可供学生随机下载）。

第三，学生分组实做。将学生分成小组，每小组 4 人，按学生学号进行编排，每组模拟一家设计公司，教师扮演客户。

第四，与客户交流。由教师扮演客户，每组在实施项目之前，派出各组的项目组长和客户交流，听取客户的意见，并适当提出自己的各种想法。

第五，各小组分组设计。首先由各组的项目组长向小组成员讲述客户需求，组员开始分子项目进行设计，一个子项目应当按期完成，然后项目组长在组内分阶段评选最佳的设计，交客户（教师）审阅，由客户（教师）提出修改意见，再实施下一个子项目。

第六，存盘交付作品。每组选出一个优秀设计作品，存盘保存后交客户（教师）评选出最佳作品。

7.项目评价

各项目组长向客户介绍本组设计的作品。在介绍过程中要求说明作品的设计过程，遇到的问题，如何解决这些问题，解释设计采用的相关技术及特点。最后教师进行评价，通过教师评价进一步修改各自的设计，评选出客户最满意的作品。

8.优秀作品展示

通过优秀作品展示，让学生看到在小组内评选出的"室内设计师"的同学的作品，给学生之间创造良好的相互交流的机会。这样的活动能很好地激发学生的学习积极性，促使学生从不同的角度来思考问题，培养学生的创新精神。

二、基于资源的主题教学模式

（一）基本概念

1.资源

所谓资源，是自然界和人类社会中能创造物质与精神财富的各种客观存在形态或存在物。在教育教学活动中，特别是基于资源的主题教学模式中，资源是指教育、教学/学习资源。

2.学习资源

所谓学习资源，是指支持教学活动实现一定教学目标的各种客观存在形态。它通常包括物质资源（如媒体、器材、工具）、人力资源（如教师、教辅人员）和信息资源（如课本、电子阅览室、Internet、CD-ROM、虚拟实验室、小说、教学参考书）。

学习资源简单地分为静态资源和动态资源。静态资源是以印刷材料为主的教科书、百科全书、杂志和报纸中的文章，其内容一般是静态的。动态资源是指频繁持续地发生变化的学习资源，包括网络资源和人力资源。人力资源可以是某一学科领域内的专家，也可以是学习伙伴。学习资源的选用一般是综合性的，亦即静态资源和动态资源相结合。随着信息技术和E-leaming的迅猛发展，网络资源将日益成为主要的学习资源类型。学习资源是一个系统，包括人、材料、工具、设施和活动五大要素，每个要素均具有"自在的"和"自为的"特性。"自在的"资源是指在整个人类环境中具有的、可利用的资源系统；"自为的"资源是指为达成一定的教育/教学目的而特地设计出来的资源系统。

3.主题

所谓主题，是指整合教学目标的、跨学科的学习内容或学习任务。主题的覆盖面很广泛，只要学习者感兴趣或为教学所需，主题可以是任何事物（如宇宙、森林、河流、水果、动物）或任何现象（如污染、和平、饥饿、战争）。主题可以分解成许多的问题来解决，问题又可以进一步具体化为可操作的任务。

主题是基于资源的主题教学的前提，主题开发的优劣直接影响教学效果。在开发主题的过程中，可以参照一些基本理念。第一，主题应由师生共同开发。主题开发一般有三种方式，即教师提供、师生共同开发和学生独立开发。我们一般提倡由师生共同开发。第二，主题要具有亲和力。主题必须让学生感到熟悉、亲切、有趣，要与学生的生活现实和时代发展密切相关。第三，以"劣构性"问题为主。劣构问题一般处于并且来源于特定的情境中，指有一个以上方面指定不明确，问题描述不是很清楚或定义不明确，或者在问题陈述中不包括解决问题所需的信息。劣构问题能较好地培养学生的综合能力、批判性思维能力、人际交往能力、实践能力等。第四，主题最好具有跨学科性或综合性。以多学科知识为基础，使学习者将在分科科目中学到的知识综合起来，用以解决真实的问题。因为真实世界中的问题求解过程本来就是综合性的。第五，主题应具有智力/非智力方面的挑战。所谓挑战性，即解决问题所需要的能力一般稍高于学生已有的智力/非智力水平。挑战性的主题有助于激发和保持学生的学习兴趣。第六，主题要有目标整体性。主题应当整合知识技能、过程方法、情感态度与价值观目标，使学生在学习过程中获得知识、培养能力和发展情感水平。第七，主题要有实践性。关注学生将所学知识应用于实际，以培养学生分析/解决实际问题的能力。

主题教学强调的是对于不同领域知识的统整，针对主题进行相关数据的探索与整理，所要培养的是知识统整的能力。具体来说，主题教学就是围绕确定的主题，在兼顾知识的广度和深度的同时为学生提供良好的知识建构的学习情境，它不仅仅是一种独立的教学模式，还是一种课程组织模式。在主题教学中，不同的学习内容可以采用多样的学习活动给予支持，如探究学习、问题导向学习、基于项目的学习，甚至课堂讲授、操练与学习，都可以是主题学习中的综合组成部分，其目的主要是让学习者通过资料的搜集整理、问题解决、主动探究等多种学习方式，实现对主题的深入理解，实现学科知识的整合，实现学习与社会以及学习者自身的整合，从而培养学习者解决问题的能力、高级思维能力，促进学习的迁移。主题学习是一种新型的课程形式，以主题承载整合的信息技术支持的课程单元。主题学习与主题教授内涵是一致的，只是前者更突出了学生的"学习"主体性。

（二）基于资源的主题教学内涵

基于资源的主题教学是指学习者围绕一个主题，通过充分发掘和利用各种不同的资源，并遵循科学研究的一般规范和步骤而进行的一系列探究活动，其目的是为了让学习者提高问题解决、探究、创新等能力，促使学习者的学科素养和信息素养同时得到提升。其基本特征如下：

1. 资源利用的广泛性

无论何种媒体，何种形式，只要对学习者有帮助就是有用的资源。

2. 具有主题性和主题的情境性

资源并不能直接用来解决主题所生成的真实问题，学习者必须先将资源进行加工处理，内化为自己的知识，再利用知识来解决问题。这个加工处理的过程就是情境化的过程。在基于资源的主题教学过程中，资源通过主题而聚集，经过学习者情境化后，才能服务于主题。

3. 跨学科性

突破了学科本位，需要多学科知识的综合，将各门相关学科的相关内容综合利用，采用模拟研究的方法，解决真实的问题。这种学习既提高了学生的兴趣，又培养了学生融会贯通知识的能力以及从多角度、多层面地思考问题的能力和习惯。

4. 任务驱动性

在一个大主题的前提下，学生通过解决大主题带来的一个个问题而达到学习目标。有问题就会带来任务，分析任务是解决问题的前提。解决与自身生活密切相关的真实问题，容易使学生积极投入于学习过程，使教学真正做到以学习者为中心，使学生获得一种成就感。

5. 探究性

探究是基于资源的主题教学中的核心手段、方式和方法。在教学过程中，强调自主探究和协作探究，让学生在问题求解的过程中学会综合利用知识、内化知识，倡导学生积极动手、动脑，使学生真正愿意学，体会如何学。

6. 反思递进性

提倡行动研究，注重利用新型的评价观评价学习过程，要求学生和教师在学习过程中不断反思，完善探究学习过程。

简言之，基于资源的主题教学是以主题开发为前提，以活动探究为核心，以信息技术为支持，并从多维角度评价整个教学的过程。

（三）基于资源的主题教学设计模板

模板是一种帮助、引导或支持教学设计的框架，它将设计的要素提取出来，构成一个整体结构。参照模板可以更加便利地设计基于资源的主题教学计划。但设计模板只是一种普遍性的参照，在教学过程中还应该根据实际情况进行拓展或变通，使其符合具体情境的需要。以下是钟志贤教授提出的基于资源的主题教学设计模板。

表 3-2　基于资源的主题教学设计模板

要素	主题教学设计模板
主题标题	写出主题学习的名称。
主题介绍	对主题进行简单的解说，并做总体性的概要说明。介绍中可以用复杂有趣的事情和精辟的语言吸引学生，也可用案例形式创设情境。
学习对象	完成主题学习的年级，一些主题是可以跨年级的。
学科	主题单元所涉及多学科的种类，尽可能全部写出：学科 1、学科 2……学科 n。
总体目标	具体详细地列出完成主题学习能达到什么样的知识目标、技能目标和情感目标。 知识目标： 技能目标： 情感目标：
任务和问题	一个主题可以分解成多个具有操作性的任务或问题。这一部分要告诉学生需要完成的任务或要解决的问题，让他们明白自己到底要干什么。问题最好是没有清晰答案的，甚至是有争议的，这样可以让学生着迷、惊奇和疑惑，引起解决问题的兴趣。 任务 1/ 问题 1 任务 2/ 问题 2 …… 任务 n/ 问题 n
资源	与主题相关的工具资源、印刷资源、网站资源、人力资源等。（可任选几种资源列出） 材料资源 印刷资源 计算机和 CD-ROM 资源 网站资源 视音频资源 社区资源 ……
活动过程描述	详细介绍完成任务和解决问题过程中开展的一系列活动，同时加入一些必要的学习建议。活动中还需要介绍学生的分组情况以及任务分配情况。此过程也可以用流程图表示。 活动一： 活动二： ……
主题学习评价	介绍整个主题活动中的评价内容和评价方式，可使用多种评价方法：观察法、作品集评价、量规测试等。
主题成果展示	设计主题学习的各种成果的展示方法，例如： 多媒体展示主题 网站展示 ……

（四）基于资源的主题教学误区

在现有的主题教学实践中存在着一些问题，其主要表现：

第一，把主题教学神化。似乎只有它才能教出好课来，所以不论什么样的教学内容，都去套，致使主题的确定存在泛化倾向，随意地选择一些内容作为主题开展教学，为了主题教学而主题教学的情形屡见不鲜。

第二，对主题学习的理解，仅仅停留在教学方法论上的理解，仅仅把它作为一种教学方法来看待，这样就很容易被所谓的教学模式教条化、理想化。

第三，对主题资源的设计陷入"高投入、低效益；高重复、低水平；高消耗、低应用"的困境。绝大多数资源是面向教师的教学资料或者是为学生提供一些简单的静态的资源堆积，这些资源缺乏生命活力，缺乏对学生主体的考虑，难以支持主题学习活动的开展。

（五）基于资源的主题教学效果评价

基于资源的主题教学评价提倡综合性评价和过程性评价，倡导评价内容的丰富性和评价方式的多样性。在基于资源的主题教学活动过程中，通过充分恰当地探究，有利于培养学习者的综合素质，如问题意识、科学素养、信息素养、创新能力、实践能力、自主／协作能力和评价反思能力。在教学效果价值取向方面，基于资源的主题教学评价比较关注学习者的问题意识、反思能力和探究能力的发展。

问题意识：问题的确定非常重要，是开展基于资源的主题教学活动中非常关键的一步。学生能否发现问题，取决于学生的问题意识强不强。学生问题意识的强弱，主要从学生的观察力、认识兴趣和求知欲以及丰富的知识经验等四个方面评价。

探究能力：探究能力是基于资源的主题教学活动所培养的核心能力。在探究的过程中，重点培养学生的信息素养、自主能力、协作能力、学习策略、批判性思维能力等。

反思能力：除了教师、专家、家长等人员对学生学习效果进行评价之外，还需要学生对自我学习效果进行不断反思。反思是一个反省的过程，一个自我评估的过程。反思主要是对前一阶段的学习任务进行反思，获取反馈，了解自己所获得的知识，知道自己的不足，明确改善措施。

下面给出相关的教学评价量规。

1. 信息素养的评价

信息素养主要是学生沉浸于信息资源之中所获得的，其核心是信息能力，即获取、评价和利用信息的能力，见表3-3。

表3-3　信息素养的评价项目

项目	评价内容
信息意识	（1）详细陈述任务、项目或信息需求；（2）陈述信息需求的目的；（3）开始搜索策略；（4）将所需的信息与已知的信息相联系；（5）确定适当的资源，利用一般的参考资源（包括人、多媒体、WWW、印刷媒体），用自己的语言重新陈述自己的观点。
根据所需信息形成问题	（1）提出各种疑问（如查找信息，分析，形成看法）；（2）根据主题陈述形成一个主要的问题；（3）写出关键词、概念和短语。
确定潜在的信息资源	（1）确定和使用各种与研究主题相关的资源（包括多媒体、WWW、印刷媒体等）；（2）逐渐形成数据库结构；（3）理解数据库和印刷资源的局限性（日期、错误、固有的学科限制、时间表、资源更新）；（4）区分主要资源和次要资源；（5）确定可搜索到的可用数据库。
开发和使用最恰当的搜索策略	（1）获得所需信息资源的印刷和技术材料；（2）利用电子资源查找、获取和转化信息；（3）知道何时以及怎样获取图书管理员的帮助，特别是在获取图书资源的时候；（4）系统地组织信息；（5）理解各种数据库搜索方法的优缺点（关键词、纯文本、固定词汇、综合性的纯文本/固定词汇、布尔运算）；（6）在必要的时候知道如何扩大和缩小搜索范围；（7）知道信息是一种方法或多种方法综合组织起来的（如日期、作者、地理位置、作品类型）；（8）解释参考资源中的信息，包括电子资源；（9）在必要的时候修订或展开主题陈述；（10）利用主标题或交叉参考资料找到其他资源；（11）确定资源的可靠性；（12）在使用电子资源时注意遵守已确立的网络礼仪和当地的网络规则；（13）确定资源的有效性，知道如何获取在当地无法找到的资源；（14）知道如何印刷、复印、下载等等。
评价信息	（1）区分事实与观点；（2）确定信息的流通渠道和真实性动机、观点、偏见、学识、面向的对象、客观性、一致性；（3）删除无关的信息；（4）区分通俗与学术资源。
利用信息	（1）清晰地交流信息；（2）精确地解释信息；（3）确定最有效的陈述方法（确定目的、对象、过程）；（4）准备一份精确的参考资料；（5）整合各种资源中的信息。

2. 自主/协作能力的评价

自主能力与协作能力主要从自主探究活动和协作探究活动中培养。这两种能力并不是孤立地进行培养，而是相互融合在探究活动中的，见表3-4。

表3-4 自主能力与协作能力的评价参照

自主能力评价	协作能力评价
（1）能否独立完成所承担的任务； （2）能否独立查找、分析信息； （3）能否灵活处理学习中出现的问题，对问题提出多种答案／解决方案； （4）能否获取与主题有关的资料，并对现实生活中的问题进行分析，提出有效的解决办法； （5）能否设计有创意的问题解决方案； （6）能否形成独特的解决问题风格。	（1）能始终与小组目标保持一致，积极参与小组工作； （2）对所有小组成员的感受和学习需要很敏感； （3）能够接受和履行小组中的个人角色； （4）积极提出自己的见解，贡献自己的技能和知识； （5）能够评价所有小组成员的知识、观点和技能，能鼓励小组成员做出贡献； （6）能帮助小组做出必要的变化，并鼓励小组成员为变化做出行动。

3.学习策略的评价

学习策略是指学习者在学习活动中有效学习的程序、规则、方法、技巧及调控方式。根据学习策略的意义，可以将学习策略概括为认知策略、元认知策略和资源管理策略，见表3-5。

表3-5 学习策略的构成

策略类型	定义	构成	实例
认知策略	指学生懂得如何获取、选择、组织信息，复习习得的内容，将新内容与记忆中的信息发生联系，以及保持和检索不同类型的知识。	复述策略	重复、抄写、做记录、画线、默念等。
		精细加工策略	想象、口述、总结、类比、做笔记、答疑等。
		组织策略	组块、选择要点、列提纲、画地图等。
元认知策略	是关于如何学会学习的高级认知策略，具备元认知策略的人能够很好地控制自己的思维过程与学习活动。	计划策略	设目标、浏览、设疑、回忆经验等。
		监视策略	自我测查、集中注意力、监视领会等。
		调节策略	调整速度、重新阅读、使用应试策略、复查等。
资源管理策略	是关于如何利用环境资源的方法与技能。具备资源管理策略，可以充分地将外部环境调整到最佳状态，为学习创设好的外部条件。	时间管理	定时间表、设置目标、调整作息等。
		环境管理	寻找固定、安静的或有组织的学习场所等。
		努力管理	归因于努力、调整心情、内省、自我强化、坚持不懈等。
		他人支持	寻求教师、伙伴、小组帮助，参加伙伴／小组学习，获得个别指导等。

4.批判性思维的评价

批判性思维是创新思维的基础。具备积极的批判性思维倾向的人有七种关键特征，见表 3-6。

表 3-6　具备积极的批判性思维倾向的人的 7 种关键特征

特征	阐释
智能冒险	开放性思维、探究不同的视点，对狭窄的思维极其敏感，能够产生多种选择。
智能好奇	持续地疑惑、探查、发现问题、热衷质询，对非常规敏感，能够仔细观察阐明问题。
寻找理解	寻求清晰的理解，找出联系与解释，对混沌敏感，致力于建构概念。
智能策略	确定目标、制订并实施计划、想象结果，对缺乏方向敏感，能够阐述目标与计划。
智能严谨	力求精确、组织化和彻底，对可能的错误和不精确敏感，能够准确地加工信息。
评价理性	对既定事物质疑、要求合理，对重要的证据敏感，能够权衡和评价理性。
反省认知	意识到并监控自己的思维流向，对复杂的思维情境敏感，能够对思维过程进行控制与反思。

5. 反思能力的评价

反思能力评价贯穿于学习活动始终，主要内容详见表 3-7。

表 3-7　反思能力的评价阶段与内容

反思的阶段	反思的内容
学习活动开展前	学习目标是否明确；学习活动拟定的时间、内容、方式等是否合理；完成学习任务所需的工具是否妥当等。
学习活动进行中	学习注意力是否集中；学习策略是否合理；初步的学习效果是否满意；是否需要调整等。
学习活动完成后	学习效果如何；调整是否有效；有哪些经验教训等。

（六）案例

案例名称：基于设计的网站制作。

1. 学习对象

在开展本次教学活动之前，学生已掌握了简单的网站制作技巧和网站设计初步知识，能在教师的引导下，有序地开展小组合作，具备一定的合作探究、解决问题的能力。

2. 主题与任务

要求学习者能够把通过平面设计软件设计好的网页效果图变为扩展名为 .htm 或者 .html 的网页文件，在不破坏视觉效果的基础上，实现网页中的各项功能。制作分为三个主题和任务，共 20 课时。

主题一：利用切割制作网站欢迎页面。

案例要点：切片工具使用、切割规则、存储为 web 所用格式设置。

目标描述：了解欢迎页面切割的目的，掌握切割的方法，初步学会 Photoshop 和

Dreamweaver 结合使用来完成网站欢迎页面制作。

主题二：制作网站的主框架页面。

案例要点：框架页的切割、二次排版、隐形表格。

目标描述：了解主框架页切割的目的，掌握切割的方法，进一步学会 Photoshop 和 Dreamweaver 结合使用来完成网站制作。

主题二：充成整体网站制作。

案例要点：Flash、Iframe、插件、查找和替换。

目标描述：掌握一些目前在网页中比较流行的技术，最终完成网站制作。

3. 信息化教学资源

开展主题网站开发，内容可以包括教学课件、图片欣赏、知识探索、学习测评、同步练习、参考资料、教案示例等，可供教师和学生共同探索，也可以借助网络资源进行辅助教学。如参考网站制作学习网、网站制作学习园地等资源。

4. 教学过程设计

首先，创设情境，提出任务要求。

其次，小组分工，进行组织探究。第一小组负责主题一；第二小组负责主题二；第三小组负责主题三。

小组成员进行讨论，制订研究计划，并上网查询相关资源，也可以由教师提供资源。掌握资源后由小组成员进行具体操作。

再次，交流研究成果，进行成果评价。每个小组指定一名同学汇报研究的成果，结合实例讲解。讲解结束后结合评价量表进行评价。可以综合组内评价、组间评价和教师评价等多种评价形式。

三、基于问题的教学模式

（一）基于问题的教学模式的产生与发展

通过问题解决来学习的思想由来已久。在东方，孔子的启发式教学思想对后世所有的教育思想都有着深远影响。在西方，从苏格拉底的谈话法到杜威的问题教学法、布鲁纳的发现学习法，都是以问题为中心的学习方法。而把"问题解决"作为学校一种新的教学模式，是美国数学教师协会 1980 年《关于行动的议程》文件正式提出的。基于问题式学习（Proble-Based Learning 简称为 PBL）是近年来受到广泛关注的一种教学模式，它强调把学习设置到复杂的、有意义的问题情境中，通过让学习者合作解决复杂的生活实际问题或真实性问题，促进学习者深入理解隐含于问题背后的科学知识，使学习者形成解决问题的技能，培养学习者自主学习的能力。

PBL 作为一种先进的教学方法，最早起源于国外的医学教育。因教学效果良好，这种模式首先在医学界获得了应用和推广，后来越来越多地被其他领域所采用，如商业教育、建筑教育、法律教育。20世纪90年代中期以后，它被移植到美国幼儿园、小学和中学的各个年级，并取得了成功。90年代后期，这种教学模式在我国的研究也相继开始。

（二）基于问题的教学模式内涵与要素

所谓问题，是指在一定的情境中人们为满足某种需求或完成某一目标所面临的未知状态。理解问题的概念，应把握两个关键属性：第一，问题是指在一定情境中某种未知的实体，即现存状态和目标状态之间的差距。情境包括多种多样的不同状态，从简单的算术问题到复杂的社会问题。第二，发现/解决这种未知具有某种社会的、文化的或智能的价值。如果没觉察某种未知和确定解决未知的价值，也就不可能存在问题。

所谓基于问题的教学模式是指把教学/学习置于复杂的、有意义的问题情境中，通过让学生以小组合作的形式共同解决复杂的、实际的或真实的问题，来学习隐含于问题背后的科学知识，提高解决问题能力的一种教学/学习模式。其旨在通过引导学生解决复杂的、实际的或真实的问题，使学习者建构宽广而灵活的知识基础，从而培养和激发学生的内部学习动机，提高有效问题的解决能力、合作能力、自主学习和终身学习能力。

基于问题的学习模式有三大基本要素：问题情境、学习者和教师。问题情境是课程的核心组织。当学生身处可以从多种角度看待事物的环境时，问题情境能够吸引并维持学生的兴趣，使他们积极地寻求解决问题的方法。学生是致力于解决问题的人，他们识别问题的症结所在，寻找解决问题的良好方法，并努力探求、理解问题的现实意义，成为具有自主学习能力的学习者。教师不仅仅是知识的传授者，而且是学生解决问题过程中的工作伙伴，是学生解决问题过程中的指导者、引导者和合作者。

基于问题的学习模式特征：第一，这是一种以学生为中心的教学方法；第二，以问题为中心组织教学并作为学生学习的驱动力；第三，问题是真实的、劣构的，是发展学生实际解决问题能力的手段；第四，以学生小组为单位的学习形式；第五，重视过程性评价；第六，教师是辅助者和引导者。

（三）基于问题的教学模式的运作环节

尽管PBL教学模式的实践不是完全相同，在实际的PBL教学中，教师可以弹性地设计与应用，但是它的运作环节基本相同。一般来说，基于问题的学习的基本流程如下：

首先，从问题出发，也就是教师根据教学内容创设一定的问题情境，学生在分析问题情境的基础上，确定自己所要研究的问题。也可以是学生自己对某种现象或某个情境提出问题，并在教师的帮助下对问题进行界定，接着对问题进行分析，提出解决问题的假设，形成学习小组，小组成员任务分工，确定已经知道哪些关于问题的信息、还需知道哪些信息、可以利用哪些资源以获取所需的信息、确定研究计划和安排。

其次，学生开始通过各种途径收集与问题相关的新信息，对所收集的信息进行分析、整理、评价，把整理后的新信息与旧信息（即已有的信息及学生的原有认知）进行整合、综合，形成最终的解决方案，解决问题。

再次，进行总结、反馈，对解决结果进行评判，确定问题是否已解决，总结所学的知识。在新的情境中运用所学知识，重新开始新一轮的学习。

（四）基于问题的教学模式的评价

评价是对整个 PBL 实施过程和学习效果的整体检视。由于 PBL 模式的实施基于真实问题情境，问题学习的开放性和解决的过程性决定了 PBL 学习效果评价有别于传统教学评价，教师应对 PBL 的评价功用、评价主体、评价方式和评价内容这些问题重新考虑。

1. 评价功用

PBL 的学习过程和课程内容同等重要，评价的功用不单是作为测试学习的一种工具，而且是促进和加强个人和小组学习的工具。

2. 评价主体

为学习者提供了更多课堂以外的学习机会，学习者的学习效果检测置于实际的 / 真实的评价情境中，对学生评价应由传统教育的教师权威评价主体转变为教师、家长、社区、学伴与自我的多元评价主体，以多方面综合评定学生的进步与智能发展。

3. 评价方式

问题学习的开放性使得 PBL 评价不能用统一的、标准化的方式，而需要设计书面考试（笔试）、实践考试（操作考试）、概念地图（Concept Map）、口头陈述、书面报告、个性化作品选（Portfolio）等多种评价方式。

4. 评价内容

评价内容主要包括能力提高、知识获取、合作情况、学习态度、最终作品五大方面。

（五）案例

名称：中职《计算机应用基础》（WindowsXP+Office2007）课程中 Word2007 文字处理软件"图文混排"。

利用 Word 文字处理软件进行图文并茂的排版是在实际工作中经常碰到的问题，可以综合地锻炼学生的实践操作能力。教学目的是要求学生利用 Word 知识完成电子贺卡的制作，同时完成对新知识的意义建构，解决问题。

1. 构建情境，呈现问题

首先，教师提出"大家记得母亲节是哪天吗？"伴着学生的回答在大屏幕展示多张母亲节贺卡图片并配以感恩母亲的歌曲，构建起感恩母亲的氛围，然后引导学生在母亲节到来之际，亲手做一张具有深刻意义的电子卡片送给妈妈。

问题：如何利用 Word2007 软件制作一份精美的贺卡。引导学生发表自己的想法和观点，开阔学生思路，从而激发学生创造欲望及制作电子贺卡的兴趣。这样一个与实际生活息息相关的问题很容易调动学生的学习积极性和主动性，同时也将问题的解决内化为学生自己的事情。

教师提示学生贺卡通常用多大纸张，利用 Word2007 软件的图片、艺术字、文本框等元素才能达到图文并茂的效果，引导学生轻松愉快、主动地去解决问题，完成任务，实现对新知识的意义建构。

2. 小组讨论，分析问题

教师根据学生知识与能力水平的不同，将学生异质分组，各组根据问题进一步讨论，确定研究内容和设计方向。同时，小组各成员也将依据自己的情况选择不同的任务，如资源的搜集整理、版面的设计，教师要了解各组的设计思想及每位成员在小组中的任务，并对小组的活动加以适当的引导，促进小组成员之间的交流与合作，确立有效的问题解决方案。

3. 自主学习，交流协作

学生开始自主学习的过程。学生带着制作电子贺卡这个任务，由此产生对艺术字、文本框、图片等元素属性设置的相关知识的需求，由内在的需求促使学生主动探索、学习相应的知识并解决问题。在此过程中，教师巡视查看学生的学习过程，了解学生的学习情况、进度，以引导者的身份对个别学生的问题进行单独交流、指导；鼓励学生之间相互交流、协作学习；对大多数学生的共性问题，教师给予广播式指导。对于理解能力、动手能力以及综合应用能力强的学生指导他们进一步学习扩展内容，发展他们的个性，培养他们的积极创新精神。最后，各小组将所获取的资源加工处理后，上传主机，用大屏幕展示出来，共享学习成果。

4. 评价、总结

学生依据评价标准，先进行组内评价，进一步改善不足，然后再在小组间展示作品，并互相评价，交流学习心得体会，反思如"我学到了什么""我如何改进提高"等问题。评价是教学过程中非常重要的一个环节，通过评价了解学习者的学习情况，向学生提供及时、恰当的反馈，使其及时地调整学习步调与进程；另外，教师的表扬和肯定，可以提高学习者的学习积极性和学习效果。

四、Webquest 的教学模式

Webquest 教学模式被称为"信息化教学的新利器"。自从被介绍到我国以后，越来越多的教师开始在教学实践中尝试运用这种新型的教学模式。

（一）Webquest 的产生与发展

Webquest 是圣地亚哥州立大学教育技术学院教授伯尼·道奇和汤姆·马奇于 1995 年提出的一种新的课程计划。Web 是网络的意思，Quest 是调查、探求的意思。他们把 Webquest 定义为一种基于网络的、以探究为导向的活动，中文翻译是"网络主题探究"。其主要方法是在网络环境下，由教师引导，以一定任务驱动形式，让学生进行自主探究学习。2001 年，唯存教育网站首先将 Webquest 介绍到我国，教师们开始在教学实践过程中尝试这种新的教学模式。

（二）Webquest 的分类

根据完成时间的长短，Webquest 可以分为短期 Webquest 和长期 Webquest 两种。短期的 Webquest 要求：第一，学习者需要掌握重要的新信息，在理解的基础上应用于实践；第二，任务完成的时间是 1~3 课时。长期的 Webquest 要求：第一，学习者的任务是深入分析一些问题，用一些方式将其转化成其他形式，并在理解的基础上创造出某种形式的成果，用网络或非网络的方式展示出来；第二，任务完成的时间是一个星期至一个月。

（三）Webquest 的结构

Webquest 包括绪言（Introduction）、任务（Task）、过程（Process）、资源（Resources）、评估（Evaluation）、结论（Conclusion）六大基本模块。除此之外，还可以有诸如小组活动、学习者角色扮演、跨学科等非关键属性。

1. 绪言

为学习者制定方向，提升学习兴趣，提供某些研究背景信息。主题应与学习者过去的经验有关，与其未来的目标有关；应具有吸引力；因急切需要解决而紧迫；因学习者将进行角色扮演或者有一些成果而好玩。

2. 任务

任务是对学习者通过练习将完成的所有事情做一个描述，包括编辑、复述、判断、设计、分析等，或者是这些任务不同程度的综合。内容表述可以是 Hyper Studio 或 Power Point 演示、口头陈述。

3. 过程

过程是指学习者在完成任务时将要经历的步骤。教师将完成任务的过程分解成循序渐进的若干步骤，并就每个步骤向学习者提出短小而清晰的建议，其中包括将总任务分成若干子任务的策略，对每个学习者要扮演的角色或者所要采用的视角进行描绘等。

4.资源

资源主要是由教师选定的将有助于学习者完成任务的网页清单。许多资源是"嵌入"在 Webquest 文档中，作为问题研究的"抛锚点"，并且预设于互联网网页中。这些资源将引导学生进行主题学习，不至于在网络空间迷失方向而完全漫无目的地漂流。资源不局限于网上的，还可以是一个与远距离专家的音频会议、一个与不远的教师的视频会议、一盒录像带、一份评价报告、教科书、录音带及与他人面对面的访谈等。

5.评价

评价是对学生此次探究学习效果进行评价。根据预期学生学习水平、学习任务的不同层次制定一个评价量规，是评价主体对学生在整个活动的全过程中的认知、情感、能力、态度、技能做出价值判断的活动。

6.结论

总结学习内容和经验，鼓励对整个学习过程进行反思、对学习成果的拓展和推广提供进一步解释、说明文档，提示读者这是文章的结尾；结论部分还可以让学生提出在探究学习过程中遇到的问题，供全班同学课上讨论。

（四）Webquest 的特点

1.任务明确而真实

Webquest 教学模式的任务是教师事先设计好的，这有助于教师在课堂上组织教学活动，明确的任务使得学生带着问题上网学习，避免漫无目的地网上冲浪。同时，Webquest 中提出的任务是社会生活中面临的真实任务，它对学生是有意义、有挑战性的。

2.信息资源丰富

极为丰富的网络资源，大大拓展了教学内容和学生的知识资源，也使教学内容具有时代性、与科学发展同步。学生在学习的过程中，随着情境性问题的产生和探究的不断深入，学生需要了解各种不同的信息，这些信息往往不可能预先准备，甚至对学生来说是陌生的。为了尽快解决问题，学生就需要通过各种途径尽快搜集与问题有关的信息。通过网络，Webquest 的资源向学生提供了可以便捷存取、有质量的信息，这有助于学生有效地收集信息，进而分配更多的时间用于解释、分析信息。

3.引导性强

Webquest 将大项目分成数个小任务，并将这些小任务按一定的规律组织起来。学生面对小任务时，方向明确，知道自己需要做什么，并沿着这一思路做下去，最终完成该项目。学生在 Webquesl 教学模式的一步步引导中体验学习，并形成自己的思维模式。

（五）Webquest 的设计原则与流程

Webquest 设计原则可以简称为 FOCUS。具体如下：

F——找出精彩的网站（Find great sites）。

O——有效地组织学习者和学习资源（Orchestrate your learners and resources）。

C——要求学生思考（Challenge your learners to think）。

U——选用媒体（Use the medium）。

S——为高水平的学习期望搭建脚手架（Scaffold high expectations）。

Webquest 的设计流程如图 3-1 所示。

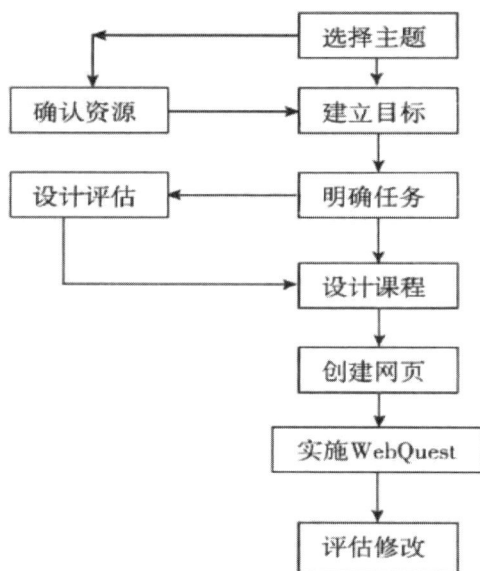

图 3-1　Webquest 的设计流程图

（六）案例

名称：基于 Webques 的高职计算机基础课程案例。

1. 教学对象

本课的教学对象是高职一年级学生，他们在普通高中 / 职业高中已经具备了计算机网络的基础知识，比如上网浏览信息、搜索信息、发送电子邮件，甚至很多人已经或多或少地学习了 Office 办公软件。他们具备一定的独立研究和协作学习的能力。这些对于采用 Webquest 学习模式都是非常有利的。

2. 教材分析

本课采用的教材是机械工业出版社出版的 21 世纪高职高专系列教材《计算机应用基础》。文字处理软件 Word 是《计算机应用基础》非常重要的内容之一，也是本教材的重点和难点之一。

3. 教学目标

知识层面——掌握 Word 的基本知识，了解 Word 的基本功能。

技能层面——熟练掌握如何创建 Word 文本；掌握文本的录入、编辑；能够对文本进行基本的排版。

情感层面——让学生认识到学习微软 Office 办公软件的意义：并不是只有微软办公软件，国产 WPSOffice 软件功能同样非常强大，激发他们为国家 IT 产业的发展壮大、缩小与国外差距而努力学习的热情。

4. 教学过程

探究主题：Word 简报。

（1）背景。在日常生活中，我们看到的报纸、期刊、杂志，需要提交的个人 / 公司简介、项目策划书、个人年度总结等，都要用到文字处理软件。为了使学生能够更好地掌握这一重要工具，学校信息技术协会将举行一次 Word 小报版面设计大赛。作品以小组为单位提交，小报需要包含小组每个成员的简介及文字处理软件小窍门的介绍，参赛作品必须在最后的评选大会上向大家汇报，优胜组除了可获得书籍奖励外，其作品还将被印制，供协会成员及全校学生参观。

（2）任务。大学一年级全体学生（必须参加）、大学二年级学生以小组为单位自愿报名参加。小组参赛人数为 5~7 人。

在编辑排版小报的过程中需要用到 Word 相关的知识点，包括输入文字、输入特殊字符及特殊符号、表格的建立及编辑、各种对象的插入、字体格式和段落格式、图文混排操作等。

每组最终提交电子版和打印版小报各一份，并推选一位同学在评选大会上向大家汇报。

（3）过程和资源。

步骤一：小组每个成员利用 Word 写一份自我介绍。在 Webquest 任务中，每个人都已经知道自己所在的小组，这时需要大家找到自己小组的每个成员。为了便于小组内每个成员更进一步的认识，组内成员需要用 Word 写一份自我介绍。自我介绍需要在第二节课上课前上传到指定的小组文件夹下（1 课时）。

资源：

文档基本操作（新建、修改、移动、保存、复制、查找与替换、输入特殊字符等）：http：//soft.yesky.com/office/349/2133349.shtml 或 office/wordrumen/。

输入特殊字符：http：//soft.yesky.com/233/2181733.shtml。

在 Word 中绘制表格：http：//soft.yesky.com/lesson/58/1914058.shtnil。

插入艺术字：http：//soft.yesky.com/office/304/2308804.shtnil。

添加页眉页脚：http：//tech.163.com/05/0920/22/lU4ILSP000091589.html。

Word 综合视频教程：http：//tech.163.com/special/s/000915SN/stword2003.html。

Word 操作中常遇到的问题：http：//soft，yesky.com/office/438/2645438.shtml。

步骤二：确定小组长。每个成员查看组内其他成员的自我介绍，与组员一起分析、讨论成员自我介绍中所用到的 Word 的相关知识点，其自我介绍的优点及不足，注意记录讨论过程。讨论最终需要确定本小组组长。（1 课时）

步骤三：搜集小窍门。每个成员精心搜集 1~2 个 Word 小窍门，注意实时与组长沟通，避免有重复信息。

资源：

Word 快捷键手册：http：//soft，yesky.com/office/175/7811675.shtml。

Word 小窍门：http：//baidu.com/bcxdgy/blog/9744eafa8f46aad2b48f3111.html。

窍门综合：http：//wenku.baidu.com/view/3edc8cf894Iea76e58fa0420.html。

竖排、为图形加注字符、快速输入上下标快捷方式：http：//www.yesky.com/50/22550.shtml。

页码由非第一页开始、去掉页眉中的横线：http：//apps.hi.baidu.com/share/detail/6036518。

步骤四：分配任务。组长主持讨论，确定本组小报的制作样式（全体成员参加）；制作 Word 小报中自我介绍部分排版（3 人左右）；制作 Word 小报中小窍门部分的排版（3 人左右）；组长负责最后两部分内容的整合。

步骤五：对报进行再调整。组长将整合后形成的小报发给小组每个成员，大家看后讨论小报中是否用到了任务中要求用到的 Word 知识点，并提出对小报的修改意见，形成最终的小报。讨论形式组内自己确定，建议使用 qq 群、msn 等工具及时进行讨论，这样便于讨论过程的再现。

步骤六：形成小组报告，提交小报。在评选大会上所做的报告，应保证该报告是在大家讨论的基础上形成的，而且小组内的所有成员都仔细阅读过。

（4）评价。进行个人评价、小组评价和自我学习反思。利用学习日志反思表进行评价（表3-8）。

表3-8 学习日志反思表

学习地点		学习时间	
学习中的成功之处			
学习中遇到的主要问题			
解决问题的方案			

五、基于网络协作学习的教学模式

（一）网络协作学习概述

协作学习是学习者以小组形式参与、为达到共同的学习目标、在一定的激励机制下、为获得最大化个人和小组习得成果而合作互助的一切相关行为。

计算机支持的协作学习（Computer Supported Collaborative Learning，简称 CSCL）是在计算机支持的协同工作（Computer Supported Collaborative Work，简称 CSCW）和协作学习相融合的基础上发展起来的。它是利用计算机技术建立协作学习的环境，使教师与学生、学生与学生在讨论、协作与交流的基础上进行协作学习的一种学习方式，是传统合作学习的延伸和发展。

基于网络的协作学习（Web-based Cooperatvie Learning）简称网络协作学习，是建立在现代信息通信技术的基础上，利用计算机网络及多媒体等相关技术支持，为学习者提供相互讨论、交流和信息共享的协作学习环境，学习者以小组形式参与，针对同一内容彼此交互和合作，以达到对教学内容深刻理解和掌握的过程。网络协作学习的技术实现方式有网络聊天室、视频会议、BBS、网络视频广播、博客、新闻组等。

（二）网络协作学习模式的特点

网络协作学习过程中，学生学习小组成员的协同工作是实现学习目标的有机组成部分，个人学习的成功与他人学习密不可分，学习者之间能够保持相互合作的态度、融洽的人际关系，共享信息和资源，共同担负学习责任，共同完成学习任务。网络协作学习模式主要特点如下：

1. 强调学生个性的"自我实现"

每个人都是一个独立的具有自主性的个体，是处于发展中的、富有潜力的、整体性的人，是学习过程中积极的参与者。网络协作学习模式鼓励学生各抒己见，鼓励每个人都要对他人的学习做出自己应有的贡献，要对他人的意见做出客观的分析，容纳与己不同的意见，学会辩证全面地认识问题、解决问题。同时，要在合作的过程中学会定位自己，找到表现自己个性的机会和场所。能够将自己的个性与小组的需要紧密地联系在一起，通过自身的努力和小组成员的相互信任与共同活动，实现自身价值的体现和自身性格的完善与再发展。

2. 将学习过程看作交往过程

学习过程是一种信息交流过程，是师生、学生之间通过各种媒介（口头语言、书信、电子通信手段等）进行的认知、情感、价值观等多方面、多层次的人际交往和相互作用的过程。这一过程中，参与者结成了多边多向的人际关系网络，在这个网络体系中，认知与情感交往共建结合，成为一个不可分割的整体。

3.师生是平等的合作者

网络协作学习的过程中，师生面对同样的学习环境，教师不见得比学生拥有更多的学习资源，教师不一定是知识的权威和绝对拥有者。学生自身有可能成为学习过程和学习资源某方面的主导者。网络的隔离性可以消除师生面对面交流带来的诸多压力。在网络的"虚拟社会"中，师生无须考虑对方的身份地位，从而能够进行有效的平等对话，这对于教学问题的解决更加有效，而且还能够使师生之间保持一种良性的人际交往关系。

4.重视问题情境的创设

协作得以展开应该有能够激发起讨论的矛盾和问题，但仅仅用言语描述的问题往往过于平面化，所以创设问题情境就成为协作学习开始的引子。研究结果表明，一个或几个好的问题情境是实现协作学习的基本保障和首要环节。只有在一定的情境中，学习者才能有协作和会话的需要，才能以小组合作学习的姿态参与到教学过程中，才能使自己的认知能力和情感素养得到不断的提升和发展。

5.强调整体学习的效果

网络协作学习一方面能够支持能动的学习和信息的深加工，能发展学生的批判性思维、交流与合作技能，使学生更明了知识结构，尤其适合非良构领域的学习和问题解决，实现学生认知方面的发展；另一个方面，网络协作学习也是对学生学习民主和自由的尊重和弘扬。通常协作学习都是基于自组织的，这种典型的学生中心学习方法，其优点是能够激发学生学会多角度理解问题，能更好地发挥群体动力因素，增加学生的归属感，激发学生的主体意识，让学生学会独立发表个人见解和完善自己的个性。

（三）网络协作学习的基本方式

网络协作学习的基本方式主要有竞争、角色扮演、辩论、讨论、协同、伙伴、设计、小组评价和问题解决。下面介绍其中的几种方式。

1.竞争

竞争是指两个或更多的协作者参与学习过程，并有辅导教师参加。辅导教师根据学习目标与学习内容，对学习任务进行分解，由不同的学习者"单独"完成，看谁完成得又快又好。辅导教师对学习者的任务完成情况进行评论，其他学习者也可以对其发表意见。各自任务完成后，就意味着总任务的完成。竞争性模式有利于激发学生的学习积极性与主动性，但易造成因竞争而导致协作难以进行的结果。因此，让学习者明确各自任务保证总目标实现的意义重大，即学习者是在竞争与协作中完成学习任务的。竞争可以在小组内进行，也可以在小组间进行。

2.辩论

协作者之间围绕给定主题，确定自己的观点，并在一定的时间内借助虚拟图书馆或互联网查询资料，以支持自己的观点。辅导教师（或中立组）对他们的观点进行甄别，选出正方与反方，然后双方围绕主题展开辩论。辩论的进行可以由对立的双方各自论述自己的观点，然后针对对方的观点进行辩驳。最后由教师（中立者）对双方的观点进行裁决，观点论证充分的一方获胜。也可以不确定正、反双方，而是由不同小组或成员阐述自己的观点，然后相互之间展开辩论，最终以能说服各方的小组或成员获胜。辩论可在组内进行，也可在组间进行。辩论模式有利于培养学生的批判性思维。

3. 合作

多个协作者共同完成某个学习任务，在任务完成过程中，协作者之间相互配合、相互帮助、相互促进，或者根据学习任务的性质进行分工协作。不同协作者对任务的理解及其观点不完全一样，各种观点之间可以互相补充，从而圆满完成学习任务。

4. 问题解决

该种模式首先需要确定问题。问题的种类多种多样，其来源也不相同。一般根据学生所学学科与其兴趣确定。在问题解决的过程中，可以采取多种方式，如竞争、合作、辩论等。同时需要协作者借助虚拟图书馆或互联网查阅资料，为问题的解决提供材料与依据。问题解决的最终成果可以是报告、展示作品或论文，也可以是汇报。问题解决是协作学习的一种综合性学习模式，它对于培养学生的各种高级认知活动和问题解决与处理的能力具有明显的作用。

5. 伙伴

伙伴指协作者之间为了完成某项学习任务而结成的伙伴关系。伙伴之间可以对共同关心的问题展开讨论与协商，并从对方那里获得解决问题的思路与灵感。学习伙伴之间的关系一般比较融洽，也可能会为某个问题的解决产生争论，并在争论中达成共识，进而促进问题解决。协作学习伙伴可以是学生，但也可以由计算机充当。由计算机充当的学习伙伴需要人工智能的支持，即根据一定的策略，由计算机模拟的学习伙伴对学习者的学习状态进行判断，对学习者提出问题或为问题提供答案。智能化程度高的协作学习系统可以具有多种不同类型的虚拟学习伙伴，学习者可以自由选择或由计算机根据学习者的特征动态确定学习伙伴。

6. 设计

设计是基于学习者综合能力培养和面向过程的协作学习模式。由辅导教师给定设计主题，该主题强调学习者对相关知识的运用能力，如问题解决过程设计、科学实验设计、基于知识的创新设计。在设计主题的解决过程中，学习者充分运用已掌握的知识，相互之间进行分工、协作，共同完成设计主题。要求辅导教师及时发现并总结学习者的新思想和新思路，以利于提高全体学生的知识综合运用能力。

7. 角色扮演

该种模式是让不同学生分别扮演指导者和学习者的角色，由学习者解答问题，指导者对学习者的解答进行判别和分析。如果学习者在解答问题的过程中遇到困难，则由指导者帮助学习者解决。在学习过程中，他们所扮演的角色可以互相转换。通过角色扮演，学习者对问题的理解将会有新的体会。角色扮演的成功将会增加学习者的成就感和责任感，可以激发学习者掌握知识的兴趣与积极性。

（四）网络协作学习的教学设计

1.分析协作学习的目标

根据教学及学生个体发展的需要，确定协作学习的目标。协作学习的目标是系统性的，一般将协作学习的总体目标分解为许多子目标。子目标与具体的学习内容密切相关，子目标的确定及解决对总体目标的实现至关重要。

2.确定协作学习的内容

在一个特定的协作学习环境中，协作学习伙伴共同面对不同类型的学习任务。根据对学习任务的分析，学习者面临的学习任务主要分为三类，即概念学习、问题解决和设计。在这三种学习任务中，概念学习的性质是基于事实的，其他两种任务的性质是基于分析和综合的。对学习任务的这种划分提供了对学习任务进行分析的清晰思路。例如，在进行基于事实的概念学习时，协作学习伙伴面对的是一个共同的学习目标；在进行基于分析与综合的问题解决和设计学习时，则需要学习者对学习的总体目标进行分解，形成许多子目标，学习者相对独立地完成子目标的学习。概念学习的目的是掌握概念的含义，明确概念的特性与适用范围，从而加深对概念的理解。通过协作学习掌握概念，学习者将面对明确的目标，即非常强调协作学习过程中目标的整体性。问题解决和设计则对学习任务的整体性要求相对较低，而更强调个体对子目标的实现情况，因为子目标的解决直接影响到学习任务的完成。

3.确定小组的基本结构

研究显示，学生在具有良好组织结构的协作小组中学习，其效果远优于传统的班级组织形式。学生在开始协作学习时，通常缺少小组协作的技巧，因此，在班级中，首先需要设计协作交互活动的技巧和建立协作学习小组的方法。对学生来讲，需要他们学会如何倾听其他同学的谈话，分析并弄清楚他们讲话的意思。学生必须学会如何激励小组中其他参与者，如何提出问题，如何动态地监视与修改小组，如何有效地进行通信，等等。

4.协作学习环境的创设

协作学习是在一定的情境中进行的。协作学习的前提是学生已经具有了社会文化的背景知识和从事社会活动的经验。因此良好的协作学习环境有利于提高协作学习的效果与效率。作为协作学习的指导者与帮助者——辅导教师，需要根据协作学习的目标与任务及其协作学习成员的个性特征创设一定的情境。协作情境的创设同小组结构与活动方式密切相关，其将制约小组协作活动的开展。协作学习研究者指出，多样化的协作学习环境可以支持有效的协作学习。协作学习的优势在于协作活动的参加者促进了学习者的学习。协作学习环境的设计主要包括学习的主题、确定协作学习的目标、参加协作学习的人数、所依据的学习理论、协作学习系统的性能等。

5. 信息资源的设计

协作学习需要借助一定的信息资源，如在互联网环境中检索信息，需要计算机支持下的通讯交流手段，需要从"小资料室"（虚拟资料室）中查阅资料。因此，在进行协作学习时，教师需要为学生设计并提供一定的信息资源环境，尽量缩短无效时间，提高协作学习的效率。

6. 协作学习活动的设计

协作学习活动的设计是协作学习的主要组成部分。协作学习活动主要围绕学习内容开展，并根据学习内容采用不同的活动方式。"支架式教学""抛锚式教学""随机进入教学""情境式教学""织网式教学"等也可以应用到协作学习活动的设计中。

7. 协作学习效果的评价

协作学习效果的评价一般通过小组集体讨论的方式进行，在评价过程中，小组成员可以进一步加深对协作学习内容的认识与理解。在此过程中，需要协作小组准备相应的展示材料，可以使用网页或幻灯片的形式辅助各自的讲解。展示过程中或展示完成后，协作学习成员可随时根据展示内容提出问题，并要求展示者给予解答。根据展示与随机应答结果，其他各组对展示组进行终结性评价。辅导教师需要对该过程控制并及时总结各组的优缺点。

（五）案例

名称：极光的研究。

1. 学习内容与学习任务

要求学生采用合作小组的学习形式，每个小组选定一个自己最感兴趣的"角色扮演"下的任务，按照"建立小组—确定协作计划—分工协作—搜集信息资源—自主学习—交流协作，协同成果集成"的步骤进行合作学习，最后各小组展示作品，汇报研究成果并接受其他小组的批判和建议等，进而修改、完善其作品。

2. 分析学习者的特征

知识能力分析：学生已初步掌握了带电粒子所受洛仑兹力的大小和方向，但还处在"纸上谈兵"的阶段，还需要将知识应用于实际情境中，加强知识的迁移能力的培养。在实际的网络合作学习中，如何确定选取统计图是制图的关键，这节课选择该关键让学生进行小组讨论。学生除了会判断洛仑兹力的方向外，知道地磁场的分布特性是理解形成极光的又一个关键。

信息技术能力分析：学生通过多年的学习和操作，已能较熟练地查找、收集整理资料，对互联网、Netmeeting 等应用软件也较为了解，为本专题研究提供了良好的基础。

3. 学习资源内容

要求学生利用互联网进行学习资源的搜集。

4. 学习情境设计

以任务为驱动，学生在网络环境中围绕学习专题，收集资料，进行分析、整理并形成学习小论文，最后展示作品，汇报研究结果并接受其他小组的质疑，在质疑中使研究不断深化。

5. 合作学习策略设计

建立合作小组。依据整个班级学生的学习风格、认知水平进行异质分组，每 4 人为一个学习小组，每人一台电脑，这样既有利于自主学习，又有利于相互促进，还有利于合作学习优势的发挥。采用情境角色扮演组织策略，并设计了多个不同角色下的任务，组间开展竞争。

6. 对合作学习的评价

建立合作学习评价表，评价的内容主要体现在协作过程和协作结果两方面，即合作学习的过程和结果同等重要，既体现对个人的评价，也体现对小组的评价。

7. 教学结构流程的设计

开始上课前，将学生每 4 人分成一组，每人一台计算机，确定组长及各成员的职责；明确学习主题和学习任务；浏览相关网页，小组内协商研究计划，并进行组内分工；分工协作，搜集信息资源，个人自主学习；交流协作，协同学习成果，教师指导，完成小组学习任务。

小组间汇报、质疑；小组修改作品，教师指导；师生共同总结，完全意义建构；课程结束。

六、基于案例学习的教学模式

（一）案例教学法概述

案例指具体事例，而具体事例来自现实第一手资料，真实，有环境、有情节，因此，案例教学法也称具体事例教学法。案例教学最早应用于美国的法学院。后来哈佛商学院首次把案例教学法应用于商业教育，取得很大成功。现在案例教学法已经是职业教育领域最有效的教学手段之一。

案例教学法和传统教学法的主要区别如下：

1. 教学主体不同

在传统教学中非常突出教师单一主体地位，教师在任何教学环节都同时担当导演和演员的双重角色，而学生更多地担当观众角色，完全处于被动地位。而在案例教学法中，要求突出教师和学生两个主体地位，要创造机会让学生走向前台发挥主角作用，教师则尽可能走向幕后发挥导演作用。

2.授课方式不同

传统教学法中强调单向交流，教师的责任在于把自己知道的书本知识传授给学生，因而只要教材熟悉、教案完整、逻辑结构清晰、语言表述通达就算尽职，而学生只要认真听课就算尽责。案例教学法则强调双向交流和联动机制，由教师和学生共同参与对实际案例的讨论和分析，案例构成课堂讨论的基础。

在案例教学中，教师的责任如下：一是课前针对性地选择案例；二是课堂上领导案例讨论过程，进而从案例中获得某种经历和感悟，引导学生探寻特定案例情景的复杂性，分析其隐含的各种因素、可能发生的多种变化；三是负责案例更新，跟上时代的要求，反映当前实际。学生的责任：一是课前必须仔细阅读教师指定的案例材料，进行认真分析与思考，据此做出对真实生活的决策和选择，并得出现实而有用的结论；二是在课堂上积极发言，讲解自己的思考和结论，并与他人展开辩论。

3.教材不同

传统教学使用多年一贯制的固定教科书，而案例教学法使用特定管理情景和实际生产、经营、生活中的事例，事例可以不断补充、更新和完善。

（二）案例教学法的特点

案例教学法主要有以下特点：

1.具有一定的仿真性

如果所选案例来源于真实生活和实际工作，通过案例教学可以让学生置身于案例模拟或仿真的环境之中，扮演其中的角色，使学生身临其境、感同身受，并从当事人的角度来思考问题、处理问题，具有一定的实战性质。

2.促使学生广泛涉猎

学生为了学好案例，除认真学习课程内容之外，还必须有效地利用各种资源（辅导材料、参考资料、互联网及图书馆等），查找资料，组成课外学习小组，进行小组讨论，因此能极大地延伸教材内容，拓宽知识面。

3.有利于学生个性的发展

在案例教学过程中，学生通过案例分析和踊跃发言，能充分表达个人的观点，勇于表现自我，锻炼和培养了思维方式，提高了分析问题、解决问题、语言表达的能力及快速反应能力，也有利于确立以学生为中心的新型教育模式，提高学生的自主学习能力，发展学生个性。

4.有利于教师的角色转换

在案例教学过程中,教师的角色同样也发生了深刻的变化。教师是指导者、管理者、控制者、评判者、参与者、提示者和资源拥有者。

(三)案例学习的关键因素

首先是案例类型设计。案例类型设计是建立案例库,收集、加工、整理案例的指南。由于案例教学是课堂教学的重要组成,因此案例类型设计应与教学环节紧密挂钩,按教学环节可将案例分为三种类型:一是课堂引导案例。这类案例以教师讲授为主,重在讲清原理,给出分析过程,得出分析结论,提高学生的理解能力。二是课堂讨论案例。此类案例以学生讨论为主、教师引导为辅,重在应用,提高学生的综合应用能力。三是课外思考案例。该类案例以学生自我研究为主,重在应用,提高学生的研究能力。

其次是案例库的建立。案例故事的选择是描述和分析的前提。选择案例的几个因素:第一,案例与教学内容密切相关。第二,案例应是现实生活的写照。第三,案例分析不限定唯一的结论与结果。

(四)案例学习的过程

以课堂讨论案例为例,大体可划分为两个阶段和五个环节。

第一阶段是课前准备阶段,该阶段要做好三个环节的工作:一是布置案例并提出明确要求;二是个人分析案例;三是小组讨论案例,撰写分析报告。

案例教学的成败与准备是否充分关系甚密,为此不仅要给予充足的准备时间,一般不少于一周,而且要真正调动起学生的学习兴趣和思维潜能。

第二阶段是课堂讨论与辩论阶段。该阶段要做好两个环节的工作:一是小组派代表发言,同时展开质疑和争论;二是教师讲评,客观给出成绩。

(五)案例

名称:案例教学法在"机械设计基础"教学中的应用与实践。

高职"机械设计基础"课程主要讲授平面常用机构、机械零件两大部分,实际上这两部分的内容与生产实践联系较为紧密,这就为案例教学法提供了可利用的资源和发展的空间。多数高职院校在该门课程结束后会进行相应的课程设计,在设计过程中将学生分为多个小组,然后再给定各组不同的题目让学生完成,这就是案例教学法最显著的特点,也符合案例教学法的教学模式。

案例一 铰链四杆机构的基本类型

案例准备:摇头电风扇、螺丝刀、钳子、插线板、自行车。

分组讨论:将学生分为不同的小组,再将任务布置到每个小组。给定半个小时,让每个小组用工具将摇头电风扇拆开,利用前面学过的知识画出摇头机构的平面示意图,在预习了本节内容后,指出各个部分的名称,解释摇头机构的工作原理。同时另外几个小组通过对同学骑的自行车分析，判断其属于铰链四杆机构三种基本类型中的哪一种，并分别指出各部分的名称及其工作原理。

主题发言及讨论：在以上过程结束后，每小组推荐一名代表做主题发言，并将各小组的结果写在黑板上，标明组别号。发言结束后，每个小组根据其他小组的结果再进行一定的讨论和辩驳。教师可以根据每组结果做出相应点评，并引导学生思考，最后给学生留出一定的时间进行讨论和交流，得出每个小组的最终结果。

教师总结：教师对每个小组的结果进行分析和点评，再展示电风扇的摇头机构的平面示意图，并根据示意图分析其工作原理，得出人骑自行车是曲柄摇杆机构的应用的结论。通过案例教学，学生了解和掌握了铰链四杆机构的基本类型和应用，教学生动、直观。

案例二　铰链四杆机构类型的判别

在讲解铰链四杆机构曲柄存在的条件时，多数教师是通过讲解三角形存在的条件来推导铰链四杆机构曲柄存在的条件。在此推导过程中，学生理解比较困难。如果我们设计如下的教学情景，则学生能直观、生动形象的理解，并能应用此条件。

首先，准备 1 号或 2 号图板数张，剪刀数把，长的吸管数根，直尺数把，图钉数盒。然后将学生分为数个小组，每组利用以上工具和道具分别制作曲柄摇杆机构、双曲柄机构和双摇杆机构。这些机构制作成功后，利用直尺测量出每种机构中各杆的长度，再找出满足这三种铰链四杆类型所具备长度之间的关系，从而掌握铰链四杆机构中曲柄存在的条件。学生通过动手制作铰链四杆机构，相互讨论，多次修改长度，就能判别铰链四杆机构类型。

案例三　齿轮的失效形式

在齿轮传动的强度计算时，需要分析齿轮的失效形式，才能选用相应的设计准则。对于多数高职院校，多数教师会花少量的学时讲解齿轮的失效形式，然而，高职教育是培养应用型人才，如何判断齿轮是何种失效形式及怎样防止应成为教学重点讲解的部分。在这部分的教学过程中，很多教师采用讲授法，学生对于齿轮的各种失效形式及防止措施的理解比较模糊，建议做如下设计：

准备各种因为失效而报废的齿轮数个，给出这些报废齿轮以前的应用机器及其工作情况，根据每种失效形式将学生分为不同的组别，如轮齿折断组、齿面点蚀组、齿面磨损组、齿面塑性变形组、齿面胶合组。各小组分别讨论本组齿轮的报废原因、失效形成过程，以及防止齿轮产生这种失效的措施。在此过程中，学生可以在网上搜索相关资料，到企业进行调研，还可以查阅相关的设计手册。最后每组必须完成一个关于齿轮失效成因和防止措施的报告，这个报告要按照论文的格式书写。这样，学生既能学习书本的知识，又能培养其学做科研的能力。

七、情境化教学模式

（一）情境教学的内涵阐释

"情境"是指情景、境地。情境的创设往往需要多种媒体手段甚至人际交往才有可能成功创设。教学情境是指知识在其中得以存在和应用的环境背景或活动背景。情境教学是指在教学过程中，依据教育学和心理学的基本原理，根据学生年龄和认知特点的不同，通过建立师生间、认知客体与认知主体之间的情感氛围，创设适宜的学习环境，使教学在积极的情感和优化的环境中开展，让学习者的情感活动参与认知活动，以期激活学习者的情境思维，从而在情境思维中获得知识、培养能力、发展智力的一种教学活动，它是利用具体的场景或提供的学习资源以激起学习者主动学习的兴趣、提高学习效率的一种教学方法。情境教学就是指在教师的引导下人为创设的"情境"中进行的教学。

西方对于情境的教学研究是在研究情境认知、情境学习的基础上进行的，从 20 世纪 80 年代中期之后，它伴随着情境认知和情境学习理论的研究不断发展和完善。在传统教学中存在着一种抽象的知识和实际的生活场景相脱离的现象，由此情境认知理论应运而生，所以情境认知理论强调把知识和一定的场景联系起来，以减少学生的学习和解决问题的能力之间的脱节现象。学生学习了一定的知识，由于没有相应的场景训练，学生虽然知道很多知识和问题的答案，但在现实遇到类似问题时还是束手无策。情境可以将学习的抽象内容和实际的场景有机地集合起来，使学习内容生活化、行动目的化，并且通过情境的创设，可以使学得的知识有应用的场所。

（二）情境教学的理论基础

情境教学是以建构主义的学习环境论和情境认知观为理论基础的。建构主义的学习理论主要是以皮亚杰、维果茨基等的思想发展起来的。建构主义认为，知识不是通过教师传授得到，而是学习者在一定的情境、社会文化背景下，借助其他人（包括教师和学习伙伴）的帮助，利用必要的学习资料，通过意义建构的方式而获得。理想的学习环境应当包括情境、协作、交流和意义建构四个部分。情境即创设与当前学习主题相关的、尽可能真实的情境。协作是在个人自主学习的基础上开展小组讨论、协商，进一步完善和深化对主题的意义建构。会话是协作学习的主要形式，而学生对知识的意义建构则是整个学习过程的最终目的。在这样的学习环境中，教学设计不是从分析教学目标开始，而是从如何创设有利于学生意义建构的情境开始，紧紧围绕"意义建构"这个中心展开，利用学生的独立探索、协作学习或教师辅导，最终完成和深化对所学知识的意义建构。

在此理论下的教学模式主要有四种：

第一，脚手架教学。其为学习者建构对知识的理解提供了一种概念框架。主要由搭脚手架、进入情境、独立探索、合作学习和效果评价等环节组成。

第二，抛锚式教学。这种教学模式要求建立在有感染力的真实事件或真实问题的基础上。由创设情境、确定问题、自主学习、合作学习和效果评价等环节组成。

第三，情境性教学。这种教学模式应使学习在与现实情境相类似的情境中发生，以解决学生在现实生活中遇到的问题为目标。

第四，随机进入教学。学习者可以随意通过不同途径、不同方式学习同样的教学内容，从而获得对同一事物或同一问题的多方面的认识与理解。

建构主义的学习理论与情境学习是紧密联系的，建构主义教学的思想对情境学习起到指导作用，特别是在学习环境建设方面。从建构主义观点来看，现实的学习环境是至关重要的。知识是在环境及学习者与环境的交互作用中形成的。尽管精确的复制是不可能的，但对现实世界的近似的模仿将有利于提高学习效率。

情境认知理论的本质是社会建构主义，不同的是，情境认知理论认为意义建构的根本途径是个体参与实践活动，与情境互动，一般用"情境"一词替代笼统的"建构"一词。

情境认知与学习是20世纪90年代以来当代西方学习理论领域研究的热点，也是教育心理学领域继"刺激—反应"学习理论与认知学习理论后的又一个重要的研究取向。情境认知与学习理论的主要观点如下：

第一，认知过程的本质由情境决定，情境是一切认知活动的基础，知识只有在真实的情境中呈现，才能有效地激发学习者的认知需要；在一定情境中传授知识与技能，更能有效地迁移到多种教学情境中去。

第二，学习是一种文化适应，是实践共同体中合法的边缘性参与。学习要求学习者参与真正的文化实践，将参与视作学习的关键成分和重要特征，并要求学习者通过理解和经验的不断相互作用，在不同情境中进行知识的有意义协商。在不同的实践共同体中，通过"合法的边缘性参与"获得意义和身份的建构。学习者正是在这样一种实践共同体之中获得该共同体具体体现的信念和行为。随着学生作为一个初始者逐渐从该共同体的边缘向中心移动，他们会较多地接触共同体中的文化，行动也会变得比较积极，随后，开始更为广泛地接触并进入成熟的实践舞台，扮演专家或熟手的角色。

第三，知识必须在真实的情境中呈现。传统的教学中，学校提供给学生的常常是被传统学校文化扭曲了的真实活动的劣质替代品。讲授式教学、被动的学习和形式化的成绩测试与评估形成了至今在学校中占有优势的传统教学模式。由此产生的结果是：在学校文化中的成功者未必能够成为真实活动中的成功者。情境认知与学习理论的研究是试图设置基于工作的、模仿从业者真实活动的学习环境，或借助信息技术设计的逼真、仿真环境和虚拟实境来提高学习的有效性，并保证知识向真实情境迁移。

（三）典型的情境化教学模式：认知学徒制

在情境认知学习观的影响下，布朗（J.S.Brown）等人从传统学徒制中得到灵感，提出了认知学徒制理论。认知学徒制是在 20 世纪 80 年代末 90 年代初教学范式刚刚从以"教"为中心转向以"学"为中心、对学习的研究正逐渐由认知转向情境、学习环境设计思想初现端倪的大背景下诞生的一种教学理论和学习环境设计思想，今天已成了众多学习环境设计的思想源头和新兴的学习科学的理论基础。

认知学徒制教学活动流程如下：首先，教师要呈现复杂问题并创设与之相关联的情境，反映知识在真实生活中的应用方式来激发学生的动机。随后，教师不仅要演示问题解决过程，还要清晰地说出思维监控过程和策略选择的方法，使学生能够观察、加工教师提供的信息。然后，教师鼓励学生以学习共同体的形式参与到问题解决中去，教师提供指导。学生要把解决问题的策略和方法阐释给教师和其他同伴，教师和同伴旁听学生的思维，通过反思进行评价再反馈给学生，学生反思并修正再反馈给其他成员。最后，教师要创设更加多样化的问题情境，并逐步拆除脚手架让学生独立探究，促进知识的运用和迁移。通过教师和学生轮流作业、互相观摩、共同反思，使学生自我修正、自我监控的能力不断增强，获得更多的知识和技能，师生共同成长。

（四）案例

名称：认知学徒制教学模式在信息技术课程教学的应用。

1. 教学内容：数据输入与处理

本节主要学习如何快速输入数据，并运用 Simu Average 函数计算表格中的数据。

2. 案例背景

信息技术课程是一门实践性、操作性很强的学科，它的主要任务是增强学生的信息意识，了解信息技术的发展及其对社会的影响；了解计算机基本工作原理，学会文字、图形、数据的处理技能，初步掌握信息获取、处理的基本方法；树立正确的知识产权意识，培养学生的合作精神。本次学习的主题是"数据输入和处理"，学生基本上处于"零起点"的状态。因此，利用认知学徒制教学模式能够很好地引导学生学习这一内容。

3. 学习环境

计算机机房。

4. 教学过程

教学之初，教师要告诉学生这节课的学习目标，并进行现场示范。

步骤一　案例观察

教师现场给学生示范案例，如何打开 Excel，并结合身边具体的实例向学生介绍 Excel 具备的功能。教师分别利用 Sum、Average 函数对一组数据进行求和及求平均值，教师示范的同时提示学生思考这些操作过程的合理性，培养学生运用函数对数据求平均分和总分的思维过程。

步骤二　情境训练与及时指导

教师可以给学生呈现需要解决的问题，指导学生结合他们刚刚看到的模型、学到的认知策略和技能来完成问题。例如，教师可以提供真实的探索问题，如"输入全班期末考试中信息技术分数并计算出男生成绩的平均分"。学生在任务的驱动下开始对数据进行输入和处理，却发现结果显示的是全班同学的平均分，那么男生的平均分怎么求呢？教师应启示学生——"专家是怎么解决这类问题的呢？"同时教师对专家所用的方法进行解释并现场演示，然后让学生独立完成任务。

在学习小组工作的时候，教师口述一些学生有疑问或需要的线索、暗示和反馈来促进学生的学习，在适当的时候教师给予帮助。例如，在学生输入大量相同的数据时，教师可以指导学生如何用简便方法完成这项操作。

步骤三　反思与评价

经过前面两个阶段的学习，学生已经初步掌握了数据输入并对其进行处理。

这一阶段，教师可以指导学生对其问题解决的过程进行反思。学生通过回忆自己解决问题的思维过程并与专家模型进行比较，同时鼓励每位学生发表自己的看法并将自己解决问题的思路用语言清晰地表达出来。在反思的过程中，教师和学生都应积极评价他人的作品，提出好的建议，对于具有创新意义的想法应给予表扬并推广。通过这种方式来提高学习者的认知能力和操作技能。

步骤四　自主探究

探索是一堂课中最重要，也是最后的部分。教师应鼓励学习者将所学的数据处理方法用来解决日常生活中的问题，并自主探究 Excel 的其他功能。教师应该通过淡化"脚手架"和鼓励来增强学生学习的独立性和自主化。学生的目标是利用他们所习得的思维技能来发现问题、解决问题、验证假说、发现结果。

第四章　国内外职业信息化状况

第一节　国内职业教育信息化研究现状分析

如今，社会的各个方面都离不开信息技术的支持。职业教育因其特殊性在教育体系中具有不可替代的作用。只有实现职业教育信息化，才能实现职业教育的现代化。教育信息化发展战略在国际竞争中占有非常重要的地位，其在世界发达国家和许多发展中国家均被列为提高国民素质、增强创新能力和国家综合竞争力的前瞻性选择。职业教育信息化建设作为国家信息化建设的重要组成部分，逐渐成为改革和促进社会发展不可或缺的推动力。

一、我国与发达国家职业教育信息化建设现状

（一）发展战略

世界上许多国家正在实施教育信息化发展战略，从国家层面高度重视教育信息化的发展，逐步完善建设体系，给予政策支持。

自 2003 年以来，我国的信息化建设已被列入职业学校办学水平评估的关键维度。2012 年起，《教育信息化十年发展规划（2011—2020 年）》《教育部关于加快推进职业教育信息化发展的意见》《关于加快发展现代职业教育的决定》及《关于进一步推进职业教育信息化发展的指导意见》等先后出台的文件都不同程度为职业教育信息化的未来建设规划了进程表和任务目标。可见，我国职业教育信息化战略部署初步形成。美国从 1996 年到 2015 年发布了五项美国教育技术计划，NETP1996——《21 世纪做好准备：迎接技术能力的挑战》、NETP2000——《数字化学习：让所有的孩子随时都能得到世界一流的教育》、NETP2005——《面向美国教育的黄金时代：因特网、法律和当代学生展望》、NETP2010——《变革美国教育:技术推动学习》、NETP2016——《为未来做准备的学习：重塑技术在教育中的角色》。自 20 世纪 80 年代以来，日本通过国家层面的行动提升了国家教育信息化水平，1999 年发布"新千年计划"，2001 年至2009 年实施了具有里程碑意义的信息化战略三部曲。

（二）项目支持

中国教育信息化建设主要项目涉及中国教育信息化试点项目和中国数字教育 2020 行动计划。"中国数字教育 2020 行动计划"主要从以下五个领域实施若干重点项目——质量资源共享、学校信息化、教育管理信息化、可持续发展能力和信息基础设施能力——并取得了实质性重要进展。从 2012 年到 2015 年，我们已初步解决教育信息化发展中遇到的主要问题，基本形成了符合国家教育现代化发展目标的教育信息系统。从 2016 年到 2020 年，根据行动计划的制订进度、教育改革和发展的实际需要，以及教育信息化本身的发展状况，确定每个行动的建设优先级和阶段目标。

美国主要以 PT3、TIAP、SGAT、LAAP 信息化校园计划，技术创新挑战基金项目和星际学校项目支持美国教育信息化的建设和发展。日本主要通过未来学校项目，国家成就评估项目和大学视频会议系统等项目来发展日本教育信息化。

（三）信息化建设模式

中国的教育信息化建设采用自上而下的模式，根据中央的核心领导，各省以本省为核心建设点，以下属市级地区为单位进行管理；目前建设主要以信息发布为主。从 SGAT 项目开始，美国已经形成了基于信息技术的系统化基础设施，提供了丰富的软件资源和便捷的信息共享和获取。日本则是由中央到地方的统一标准，采取有偿服务和无偿服务两种形式来进行信息化建设。

（四）信息化应用

我国教育信息化建设，主要体现在对信息技术与课程整合、精品课程等方面的研究。美国是从 TIAP 起，注重信息化的实验应用，形成区域教育技术联盟和社区技术中心，由联邦政府及其他非营利组织机构支持并监测应用情况。日本政府制定应用实施策略并监管进程，有丰富的网络课程资源，在全国各级院校形成可应用的互联网系统。

（五）信息化人才培养

在我国教育信息化建设中，信息化人才的培养先后开展了 Intel 未来教育和教师教育技术能力建设等项目，在一定程度上解决了信息化人才储备不足的问题。美国从 PT3 起倡导教师培养，注重教师专业发展，在 LAAP 倡导构建学习联盟，加强教师培训。日本则是注重课程整合训练及教师成长培训，严谨规范教师培养，注重教师的职业发展。

二、国内职业教育信息化建设 SWOT 分析

通过将我国与美国、日本在教育信息化建设现状方面的比较，并在此基础上分析

总结出我国教育信息化建设上存在的优、劣势，以及面临的时代机遇和挑战，选用 SWOT 分析方法对我国职业教育信息化建设中的优势、劣势、机遇、挑战进行深入分析。

（一）内部优势分析

国家颁布了相关文件，支持职业教育信息化建设。国家还投入了大量的人力、物力和财力，开展了相关的前瞻性试点项目，确保了职业教育信息化的可持续发展，建立健全我国的信息化建设体系。

（二）内部劣势分析

我国职业教育信息化建设的起步较晚，目前该领域的人才储备相对不足，导致了信息化建设和应用的理念和认识未能达到高度一致和统一，在具体的实践推广中存在阻碍，存在区域发展不均衡、优质资源相对缺乏的短板。

（三）外部机遇分析

我国职业教育信息化基础设施建设基本完成，为高职院校开展大规模信息化教学实践提供了硬件保障。同时，《职业院校数字校园建设规范》针对具体的信息化建设任务提出了统一的具有可操作性的标准。职业教育信息化在逐步推广的过程中也获得了专家教师的认可。

（四）外部挑战分析

在职业教育国家、省、学校三级互为补充的教育资源平台和管理体系建设中，职业教育信息平台的建设及资源的整合充满挑战。我国城乡教育信息化建设和发展如何制定相对统一的标准、职业教育信息化建设中教学方法如何与学科有效地融合及评估体系待完善等问题，同样充满了挑战。

三、加快推进职业教育信息化发展举措

在教育信息化建设和推进过程中，我国已初步建立了覆盖面广、多层次的教育信息系统，区域差距缩小，教育公平得到促进，教育质量得到提高。但仍然存在很多需要改善的地方，经过对比美国、日本发达国家在教育信息化方面的建设及发展，从中得到些许启示。

（一）教育信息化建设主题明确，层层推进

通过对比分析我国与发达国家教育信息化建设的情况，发现我国教育信息化建设起步较晚，目前只是在一个整体的层面进行建设，而且正如美国和日本的建设过程一样。这是一项长期渐进的过程，在每一个阶段都必须要明确一个发展目标，美国的五个国家教育技术计划和日本的国家信息化战略都能给我国教育信息化建设提供参考。我国职业教育信息化建设也应该有突出的主题，每个战略的制定应该考虑长远性、连

续性、渐进性，分阶段开展，逐层推进。

（二）教育信息化建设直指教育，明确要求

信息化的建设服务于教育，每一个建设阶段的目标应该直指教育的相关要素，明确各项要素要求。美国 NETP2016 直指教育中学习、教学、领导力、评价、基础设施五大领域。新加坡 Master Plan3 围绕中学师生和学校基础设施开展建设。因此，我国在教育信息化建设过程中要明确总体目标直指教育，明确教育体系中的学生、教师、学校领导者各项相关教育人的要求，发挥各自主观能动性，推进职业教育信息化的建设。

（三）教育信息化建设重视提升教师信息化素养

人才储备不足，教师信息化素养参差不齐是我国职业教育信息化建设过程中的劣势，要扭转这些劣势，可以学习日本的"千年计划"和"教育信息化指导教师培训计划"等人才培养项目。随着十年教育信息化发展规划（2011—2020 年）最后冲刺时刻的到来，各高职院校继续实施职业教育示范校"7+1"模式，强调职业教育信息化在高校发展中的重要性，切实提高教师信息素养。

（四）教育信息化建设应统一评价标准

教育信息化评价是以提升教育信息化进程为目标的动态过程。为促进我国职业教育信息化的发展，缩小区域差距，应建立一套科学合理的职业院校信息化评估系统，以准确了解我国职业院校信息化建设的实时动态。

第二节　国外教育信息化经验的借鉴

教育信息化是一种教育思想、教育观念变革的过程，具体体现在教学过程中广泛应用以电脑多媒体和网络通信为基础的现代化信息技术，达到教材多媒体化、资源全球化、教学个性化、学习自主化、活动合作化等。其最终目的是实现创新人才的培养，实现教育现代化。

一、国外教育信息化的特色

（一）英国的教育信息化特色

英国作为发达国家，在信息化教育领域具有战略上的远见卓识和策略上的求新务实。多年来，英国利用雄厚的综合国力，充分发挥各方优势，大力强化信息基础设施建设，积极发挥信息化教育的人才优势，努力开发、利用丰富的信息资源，大大促进

了整个社会信息化程度的全面提升，英国的全国学习网络已经成为欧洲最大的教育门户网站，而且具备强大的搜索功能。

值得一提的是，英国在通过信息技术手段建构学习化社会方面已经迈出了实质性的一步。2000 年英国"产业大学"的运作，就是政府借助信息技术使人们的学习方式发生了革命性的变化，它通过现代化的网络和通信技术，把学习者的需求和各类教育资源的供给及时而有效地连接起来。产业大学的学习网是由遍布全国、分布合理的各个学习中心构成的，各类工作场所、学院、大学、图书馆、住宅区、购物中心、足球俱乐部、休闲中心等都被纳入其中，它是一个面向所有人，帮助个人和组织认识自己的学习需要并向学习者提供最适当学习资源的新型组织，产业大学的运作和发展已使英国的终身学习化社会构建迈入了一个新阶段。

（二）美国的教育信息化特色

作为世界头号经济强国，美国在信息技术发展方面始终走在世界前列。学校网络普及率高、设备先进、应用广泛。越来越多的学校利用信息技术积极开展旨在减轻学生课业负担，提高学生综合能力、创新能力、深层次思考能力等方面的实验，引起了社会的广泛关注。

由此美国也形成了自己多元化与标准化相统一的特点：由于美国教育行政实行地区分权，各地（州、行政区、学区、学校）都有教育自主权，教育的目标、内容、课程、教科书等因地区（甚至学校）而异，信息技术教育也呈现多元化格局，水平参差不齐。为了克服多元化造成的地区差异与学生学习差异，美国十分重视国家统一标准的研制工作。

美国全国图书馆协会和教育传播与技术协会制定了学生的九大信息素养标准，《全体教师的教育技术标准》和《全体学生的教育技术标准》则详细规范了师生信息技术知识与能力的基本构成和要求，对美国信息技术教育和教育技术的发展具有重要的一体化促进作用。美国建立了高速主干服务网络，极大地改善了科学研究的环境条件，特别是为在教学和研究中采用多媒体技术提供了方便。

该服务网络系统还与国防部、能源部和国家航空航天局等联邦政府部门的超级计算中心连接，实现了资源共享。美国还建立了教育资源门户网站（http：//www.thegateway.org），该网站中没有放置任何教育资源本体，主要是一个教育资源元数据描述的记录数据库加一个搜索引擎，把各类教育资源联系到了一起，为美国乃至全世界的教师、家长、学生提供大量的教育资源信息。而美国各院校资源建设通常采用设计与开发分开的原则，由学校教师做好资源的教学设计，媒体公司负责制作，大大提高了经济效益。

（三）澳大利亚的教育信息化特色

覆盖澳大利亚全国的澳大利亚教育网不仅包括全部高等院校，而且还覆盖全澳大利亚所有的中小学，它帮助各级教学部门师生共享澳大利亚全国和全世界的信息。通过强大的教育网络，澳大利亚政府对接收外国留学生的学校进行严格的课程和教学质量控制，并用立法的形式对课程进行管理和评估。如果某学校在评估或检查中不合格，就会被勒令整改甚至被取消招收外国留学生的资格。这种全过程的质量管理和控制很大程度上依赖于澳大利亚在教育网络方面的投入，这确保了其教育的品质，使其在国际上享有良好的声誉。

二、国外教育信息化经验的借鉴

（一）进一步加快教育信息化基础设施建设，提高其总体效益

加快作为国家教育信息化建设的重要工程——中国教育和科研计算机网（CERNET）的建设；加强网络地区中心建设，提高主干网速；大力兴建各省教育科研网的主干网，并实现高带宽、高速率、高稳定性、高可靠性和高安全性；启动城域网建设工程，以中心城市城域网为示范，带动周边城市城域网的发展，使辖区内高等学校、中等专业学校及有条件的中小学和教育管理部门互通互连。

不管是国家教育网还是"校校通"，都是一个系统工程，最后还应该体现在使用上，要加快校园网络建设，提高网络建设水平，将校园网连接到学校的每个部门、每个单位和每个教师的家中，满足教育管理现代化及教师进行教学、科研的需要。同时将计算机网延伸到多数学生宿舍，满足学生通过网络自主学习的需要。

教育信息化离不开大量的资金支持。增加教育信息化的资金投入，必须采取多种渠道、多种方式。设立国家教育信息化基金，要把教育信息化纳入国家财政支出预算之中，保证一定的资金比例用于教育信息化建设；同时，地方政府也要从同级财政中拨出专款用于教育信息化建设；运用市场机制，引导社会、个人和企业等社会力量增加对教育信息化的投资，吸引国际社会参与合作。

（二）加强教育信息资源建设，实现资源的共建、共享

教育信息资源的建设是教育信息化建设的核心和灵魂，是教育信息化的基本保障，是构建网上学习环境的重要条件，是实现信息技术与课程整合的前提和基础。尤其对于我们这样拥有70万所中小学、1 000余所高等学校、13亿人口的国家来说，显得更为重要。

加快实施"国家教育资源库"建设工程，尽快建成以国家紧缺人才培养课程资源为重点，涵盖各类院校主要专业门类、行业企业在职职工培训、社会成人教育信息资

源，国家、地方和学校三级互补、结构合理、动态更新和高效共享的"国家教育资源库"，为广大农村学校、成人学校和培训机构开展学历教育、职业资格证书培训、实用农业科技推广和文化教育提供优秀教育资源，实现全国互联互通，资源共享。

（三）大力推进信息技术在教育领域中的应用

鼓励和支持各类专业学校运用多媒体、计算机仿真、虚拟现实等信息技术开展教育教学活动，努力推动职业学校运用信息技术改造和整合传统专业课程和内容；引导广大教师广泛运用信息技术，提高教育教学质量。

如在高职院校的实践教学中可积极推广"模拟仿真＋实际操作"的教学模式。因为随着办学规模的扩大和技能培训目标的提升，现有的办学条件仍然不能满足实验实训的需要，而且教学运行成本的提高也对实践教学的深化产生了一定的制约作用。为了更多、更快、更好地培养高技能人才，学校的实践性教学环节可配置模拟仿真软件，它们不仅仿真度高、运行周期短、成本低，而且可以很方便地改变参数，便于学生自主练习，也便于教师纠错和辅导，因此对培养学生的实践创新能力起到很大的促进作用，为学生下一步到现场进行实际操作打下了良好的基础。

（四）加强教育信息化人才队伍建设

教育信息化首先是人的信息化，教育信息化人才队伍的建设是搞好教育信息化建设的基本保障，也是教育信息化建设能否顺利实施的关键。从整体上重构教师培训模式，采用集中培训与长期指导相结合的方式来培训教师，集中学习信息技术与课程整合的理论、方法与技能，同时还应把各种教学方法整合于培训活动之中，并提供长期跟踪指导，使学科教师能尽快地将信息技术与其自身的学科教学整合起来，使教师在做中学，在反思中进步。同时在培训过程中采用过程评价与结果评价并重的评价手法，激励教师积极进取、敢于创新，最大限度地提高教学效果和培训质量，在教学实践中全面提升教师信息化教学水平和教学智慧。

虽然我国教学信息化手段与国外相比差距并不大，但在技术手段的推广应用和基础设施上还存在着较大的差距。各种教学软件、网站质量不高，现代信息技术手段在教育中运用发展不平衡等，都是制约我国教育信息化发展的因素。发达国家教育信息化进程中有许多成功经验值得我们借鉴，但我们也应看到，中外国情有很多不同之处，教育信息化的发展水平存在着较大的差距，因此我们要充分认识到教育信息化建设的本土化特征，找到适合我国国情的道路，才能不断推进我国教育信息化事业健康、蓬勃地发展。

第三节 我国职业教育信息化存在的问题及对策

近年来，随着知识经济时代的到来，专业技术人才稀缺，职业教育的地位开始转变。我国职业教育信息化在基础设施建设、职业教育专题网站建设、职业教育资源开发、信息化课程建设、教师信息技术素养培训方面进行了尝试和探索，也取得了一定的成绩。

一、我国职业教育信息化存在的问题

我国是人口大国，职业教育规模非常庞大。虽然当前国家非常重视职业教育，但职业教育在实际运行中还面临着诸多困难，也存在着许多亟须解决的问题。

我国职业教育信息化基础设施条件还比较薄弱。近年来，我国职业教育招生规模逐年扩大，大部分资金用于校舍和基本实验设备投资，用于投资信息化设施的资金极其有限。大部分职业技术学校教育信息化设施基本停留在校园网和一般的机房建设层面上，对信息化教学资源、专业实验信息化设备、电子图书馆等的建设几乎是空白。信息化硬件设施是实现职业教育信息化的物质基础和先决条件，职业教育信息化需要硬件的基础设施作为支撑，良好的信息化设施及环境是开展教育信息化的必要条件。目前，职业教育信息化基础设施严重限制了职业教育信息化的发展，需要加大投入力度，提高职业教育信息化的硬件装备水平，加快技术标准规范建设，为职业教育信息化发展提供坚实的物质基础。

我国职业教育信息化资源建设还停留在初级阶段。我国整体教育信息化覆盖面已经扩展到农村，普及率也在逐年提高，信息化水平也达到一定的水平。但我国的职业教育信息化相对来说发展比较滞后，信息化资源建设稀缺。大部分学校仅仅完成网站建设，网络学习资源以文字为主，网络课程、学科课件、视频资源、电子图书等相对来说非常稀少。硬件资源是基础，软件资源是核心，没有软件资源，硬件设备如同摆设，不能发挥应有的作用。所以，职业教育信息化软件资源建设面临着非常艰巨的任务。

我国职业教育教师信息化基础比较薄弱。中等职业学校，由于前几年将工作重心放在了招生与就业上，教师的信息素养更没有引起政府、行业主管部门和学校的重视。从总体上看，中等职业学校教师信息素养普遍比较薄弱。在信息化社会条件下，教师必须掌握信息技术，结合自己的专业特色，在自身原有的知识领域的基础上进行信息搜索、信息加工整合、信息创新和信息传递。教师是职业教育信息化推进的一个关键性因素，职业教育信息化发展水平在一定程度上取决于教师的信息化水平。教师的教学观念保守、教学方法老套、教学模式单一、信息技术掌握不足、信息意识淡薄、信息知识有限，不能很好地将信息技术融入自己的教学实践，这是当前职业教育信息化发展的最大瓶颈，严重限制了职业教育信息化的有效推进。

我国职业教育信息化应用水平不高。就目前整体情况来看，信息技术应用存在多方面的问题。应用层次仅仅停留在教学内容的展示上，没有体现出信息技术与课程整合的实质性内涵；应用方法简单，没有发挥出信息技术在创设教学情境、激发学生学习积极性、引导学生探究学习和研究学习方面的独特作用；应用模式单一，不能根据不同对象做出相应的调整和变化；应用过程模式化，信息技术应用于教学实践，并不是所有课程、所有内容、所有时间都要用多媒体教学，学生长时间待在多媒体教室里容易产生大脑疲劳，眼睛长时间盯着银幕，也容易产生视觉疲劳，模式化的多媒体教学未必能取得好的效果；应用特色不明显，信息技术在职业教育中的应用照搬普通教育的应用策略，没有体现职业教育信息化的特点。职业教育不同于普通教育，其内容的实践性、专业性、应用性、操作性、技能性很强，信息技术的应用应该更加展现出职业教育的学科性特点、特色和特长。

我国职业教育信息化保障体系不够健全。职业教育信息化不仅仅是学校的问题，也不仅仅是教学问题，还包括数字化校园、电子化图书馆、数字化管理等，涉及很多影响因素。政策的支持程度、管理的水平层次、评价的科学依据、实施的可行性、信息化产业平台的形成、信息化标准的制定、信息化资源的共享机制等都是保障职业教育信息化有效进行的重要条件。当然，我国职业教育信息化相关的政策、法规和标准、评价体系、考核机制、产业环节、管理措施、共享原则等都还不够完善，直接影响着职业教育信息化的进一步发展。

这些问题既有宏观层面的，也有微观层面的；既有国家层次上的，也有学校管理层次上的。当前，我国职业教育信息化缺乏统一的规划、重复建设现象突出、资源配置不平衡、软件信息资源层次低、教师信息技术与水平不高等一系列问题，都反映出当前我国职业教育信息化程度偏低，需要教育行政部门、地方及学校联起手来，针对我国职业教育的具体实际情况，加强战略谋划，研究制定政策措施、制度规范，积极探索职业教育信息化的有效策略和途径。

二、我国职业教育信息化发展的策略

明确职业教育信息化目标及任务。刘培俊认为，职业教育信息化人才培养包括三个层面：立足于提高全民信息化意识和素质；培养中初级的应用型、技能型、专门化信息技术专业人才；提高教师队伍的信息技术应用能力。职业教育的教学对象、教学内容、教学模式、教学方法、教学过程和教学评价等都不同于一般的高等教育。基于此，职业教育信息化目标不能照搬普通教育信息化目标，而是要结合专业特点和具体实际情况确定明确职业教育信息化目标。教育信息化是未来教育发展的必然趋势，职业教育信息化总体目标可以理解为：借助信息技术手段，创设信息化教学环境，提高职业技术学校教学水平，提高职业技术学校工作效率，构建职业教育远程培训体系，促进在职人员终身学习，创新职业教育模式。有了明确的职业教育信息化目标，我们在职业教育信息化实践中就有了方向，避免盲目追求和模仿。职业教育信息化的任务：第一，建立职业教育信息化环境，主要是校园网络建设及其与外网的对接、扩展、兼容和升级；第二，教师教育信息化培训，增强教师的信息意识、增加教师的信息知识、提升教师的信息能力；第三，职业教育信息化资源建设与共享；第四，构建职业教育信息化评价；第五，健全职业教育信息化管理机制和保障体系。

加大职业教育信息化基础设施建设力度。由于近年来我国职业教育招生规模急剧扩大，教学基础设施建设投资存在很多困难，信息化教学设施也是比较零散、陈旧、不配套的。信息化基础设施是开展职业教育信息化的基本条件，没有基本的硬件设备，后续的信息化教学工作根本无法开展。所以，必须加强职业教育信息化基础设施建设。这就需要系统规划，考虑未来的扩展、升级、兼容和维护等问题，依据需求，结合专业特色和职业特点，构建符合专业要求的硬件设施及平台，为职业教育信息化提供硬件支持和平台支撑。依托国家职业教育实训基地、示范学校、职教中心等，不断加大学校计算机、多媒体教室、教学课程软件和信息技术专业实训设备的投入力度，同时要求地方和学校配套相应经费，不断提高信息技术装备水平，为我国职业教育信息化发展提供有效的支撑。

探索职业教育信息化教师培训方案。教育信息化教师培训年年都在进行，有大批的教师通过培训提升了自己开发教学资源、制作多媒体课件的信息技术综合运用能力。但是，目前的培训模式单一、内容简单，培训时间短，教师、专家和技术人员难以实现很好的协作，他们之间的反馈、交互和交流比较少，导致培训效果在一定程度上打了折扣。这就需要探索和创新职业教育信息化教师培训方案。第一，要激发教师学习和掌握新技术的积极性，使其能够主动和自愿参加培训。第二，精选培训内容，使之符合职业教育的特点，能够发挥职业教育的特长，能够展现职业教育的特色。第三，严密规划培训流程，短期和长期相结合，科学安排培训时间，选择有利的培训环境，确保培训效果，教师培训更多倾向于实践性技能和能力培训。第四，积极推进职业教育信息化研发人员（技术人员）、管理人员（校长）和应用人员（教师）培训，并将国家培训基地和校本培训基地结合起来，实施国家和地方联合培训。职业教育信息化是一个综合系统，涉及目标选择、课程设置、模式构建、服务体系等，需要综合考虑。

职业教育信息化资源建设。教育信息化是个过程，网络是基础，资源是核心，没有信息化教学资源，信息化教学就只能是一张空白的纸。有了资源不一定就绝对有好的信息化教学效果，因为还有其他影响因素。但没有信息化教学资源，信息化教学实践绝对是不可能搞好的。职业教育信息化资源建设需要创新思路，不要走普通教育信息化资源建设的老路子：资源重复开发、质量不高、信息孤岛、配置不均衡等。第一，要建立由专家、技术人员和学科教师组成的资源开发团队，将需求分析和任务相结合、理论和实践相结合，组建成集资源开发研究和实践于一体的工作组。第二，职业教育资源开发要注重学科的专业性和实践性。不同的职业领域，职业特点有所不同，这就需要针对具体的专业技术开发具有实践性的课程资源、网络资源、多媒体课件、网络课程、视音频资源等，重点突出专业特色，发挥专业特长，起到有效辅助教学和提高学习效果的作用。第三，要组织专家、教师和学生对职业教育资源实施评价，确定资源等级，便于对资源归类和有效利用。第四，建立资源服务机制。信息化教学资源开发得不少，能够很好使用的却不多。资源虽然是核心，但是关键在于应用，应用中资源的作用才能够得以发挥。否则，浪费了人力、物力和财力。所以，信息化资源服务体系是当前整个教育信息化需要解决的现实问题。

提升职业教育信息化应用水平。职业教育信息化的关键在于应用，再好的基础设施和优质资源，如果不能很好地利用，其作用和价值就难以发挥出来。对此，笔者有几点建议：第一，充分利用信息化资源优化课堂教学。职业技术学校近几年招生规模非常大，大量的全日制学生在进行课程学习。借助信息技术优化课程教学，采用情景教学、虚拟实验的技术激发学生积极思考、主动探索、相互讨论，把课堂所学知识融会贯通。第二，借助网络平台有效实施远程职业教育。职业教育除了学校教育之外，还有大量的远程学习者，这就需要充分利用网络平台的便利性，将优质资源传输给在职学习者，使他们在工作的同时还有学习和提高的机会。第三，利用网络资源为自主学习者提供职业培训和提高的机会。有很多农民需要掌握技术，实现高科技种田；有很多毕业生需要掌握技术实现就业和创业；有很多在职技术人员需要利用业余时间进行学习和提高。所以，利用网络资源为自主学习者提供终身学习和自我学习的机会，使他们不断提高。远程职业教育就是职业教育信息化应用的例子。远程职业教育的出现使得职业教育突破了学校教育的传统界限，使得职业教育的模式更加灵活，同时扩展了职业教育的规模，使人们对终身教育、终身学习的价值诉求得到满足。

职业教育信息化保证体系。职业教育信息化是一个复杂的系统工程，涉及环节多、影响因素多。这就需要建立完善的保证体系来保证职业教育信息化的有效进行。第一，国家在出台支持性政策的同时，还要出台相应的保障性制度。第二，地方政府给予多方面支持和鼓励，为发展本地职业教育信息化做出相应的努力，给予必要的支持。第三，学校本身要克难奋进、抓住机遇、统筹规划，在做好信息化基础设施建设的同时，在培养教师、支持青年教师进行信息化教学创新、构建科学合理的评价体系等方面综合考虑，有步骤、有计划地提高和发展。第四，国家、地方和学校三个层面要坚持"政府主导、学校主体、社会参与、面向应用、分类推进"的原则，制定统一的全国远程职业教育规划，统一计划、统一实施、统一管理，促进远程教育软硬件资源的合理配置和使用效益最大化，鼓励和推动远程职业教育持续、快速发展。

　　近年来，我国处于经济、文化结构转型阶段，就业结构不断调整，就业压力依旧很大，这为我国职业教育和技能培训带来了新的挑战和机遇。在当前和今后一个时期，我国职业教育信息化需要普遍提高职业学校的信息技术装备水平，加快实施"国家职业教育资源库"建设工程，重点推进现代远程职业教育与培训，并加强职业学校教师信息技术培训，以需求为动力，以应用为导向，发挥技术与教育结合的巨大潜力。同时，我国职业教育信息化的任务非常艰巨，在职业教育大力发展的新形势下，在国家大力支持下，我国的职业教育信息化建设一定要抓住前所未有的发展机遇，为发展中国特色的职业教育发挥应有的作用。

第五章　教育信息化资源在职业教育中的应用

第一节　思维导图在职业教育中的应用

一、思维导图的定义

思维导图又叫心智图，是一种表达发散性思维的有效的图形思维工具。思维导图采用图文结合的方式，通过联想和连线帮助人们组织知识并使之结构化，把各级主题的关系用相互隶属与相关的层级图表现出来，把主题关键词与图像、颜色等建立记忆链接。

人脑的信息加工方式本身是呈树状发散式的。思维导图是一种将发散性思维具体化、可视化的方法，符合信息加工"双编码"理论的要求。对学生特别是职业教育学生来说，使用思维导图是一种有效的思维方式和良好的学习习惯，给他们的认知与学习、反思与创新提供了一种直观、有效的方法。

二、思维导图的作用

思维导图作为一种辅助记忆和思维工具的推广与应用，给教育带来了积极的影响。思维导图可以改善人的学习和思维方式，主要表现在：第一，成倍提高学习速度和效率，更快地学习新知识与复习整合旧知识。第二，激发联想与创意，将各种零散的智慧、资源等融会贯通成为一个系统。第三，形成系统的学习和思维的习惯，并达到众多的目标。第四，它可以将大脑皮层的所有智能，包括词汇、图像、数字、逻辑、韵律、颜色和空间感知，运用于生活的各个层面，更有效地学习，更清晰地思维。

三、思维导图的绘制

思维导图既是一种工具，也是一种思考方式。思考方式是核心，绘制工具是次要的。思维导图绘制的方式：纸笔、电脑软件。使用纸笔能对大脑产生更深刻的印象，使左右脑协同工作，缺点是不容易修改、不便于共享，特别当头脑风暴的时候，这种绘制方式可能跟不上思维的速度，并受纸张大小的限制，难以描述细节。而使用软件绘制可以快速地以多元形式记录信息。

常见的思维导图软件有：Mindmanager 软件，其是目前使用人数最多、与多种思维导图软件关联的思维导图软件；Free Mind 是开源思维导图软件；Mind 是在线思维导图软件，可以在浏览器中运行；Imindmap 是简单、易用、灵巧的思维导图软件；Personal Brain 是动态思维导图软件；Novamind 是个性化思维导图软件；Drop Mind 是同时多人协作的思维导图软件。

Mind Manager 是一款用于进行知识管理的可视化通用软件，特别适合于进行思维导图的创建和管理。该软件有利于进行发散性思维和头脑风暴法，使得用户可以将脑中的各种想法和灵感记录下来，进行知识的创新和分享。

四、思维导图在职业教育课堂中的应用

（一）借助思维导图做笔记

在课堂教学中，学生记笔记是每节课必不可少的一个学习环节，笔记作为学生复习巩固所学知识的参照在教学中所起的作用是不言而喻的，它是学生积累知识的重要手段，更是学生进行知识创新的源泉。思维导图作为一种记笔记的全新方法，它比传统的记笔记方式更方便快捷。通过图中的关键词，既可以让学生快速记下教师所讲内容的重点部分，不必记下大量的文字内容浪费时间，又促使他们在记笔记时积极思考句子的要点，而且所记笔记图文并茂、生动形象、层次分明；通过关键词的查找还可以帮助学生更好地把握所学知识的核心内容，加强对所学内容的记忆与理解。因此，在教学过程中，教师应当鼓励学生使用思维导图辅助笔记，并且对学生怎样利用思维导图做笔记要给予预先指导。其实用思维导图做笔记很简单，并不一定需要电子产品的辅助。最简单的情况只需一张纸和一支笔即可。课堂中循着教师的思路寻找中心词，并沿中心主题向外扩展，建立树形结构，最后用箭头和线条将相关的知识要点连接起来，要纵观全局，全面思考，将各分支间的关系凸现出来，这就是一幅完美的思维导图笔记。

利用思维导图可以插入图片和表格，厘清知识之间的层次关系，在脑中建立知识框架，更有利于查找相关内容。

（二）借助思维导图复习旧知

对获取的知识进行加工处理，需要建立系统的知识框架，即对收集的资料理清思路，有了明确的思路才有助于我们将这些资料进行有效的储存与整合，以便为日后快速地提取节约时间，并且为新知识的创新提供清晰的框架。学生课后利用思维导图整

理自己的学习笔记，复习巩固所学知识内容，也就是对个人知识进行加工处理的过程科学研究发现，人的大脑可分为左脑和右脑两部分活动区，左脑主要负责逻辑、词汇、数字和序列等，而右脑则主要负责节奏、色彩、想象和空间思维等，只有利用左、右脑两部分功能才能充分发挥出大脑的最佳潜能。思维导图使用颜色、线条、符号、词汇和图像，不但调动了左脑的逻辑思维，而且激发了右脑丰富的想象力和创造力，使我们的左、右脑协同工作，大大提高了记忆力，也使大脑的创造潜能得到最大限度发挥。对于课堂上记过的笔记要在课后及时整理，建立系统完整的知识框架体系，以便于对所学知识内容进行有效的整合，加强对所学内容的整体把握，并且能根据实际需要做出更加合理的调整。美国管理学家 Dr.Tony Tiirrill 曾经说过："应用思维导图的一个巨大优势就是随着问题的发展，你可以几乎不费吹灰之力地在原有的基础上对问题加以延伸。"因此，学生可以在整理学习笔记的过程中合理利用思维导图的这些优势，充分发挥想象力和创造力，积极扩展思维，随时记下自己的一些新想法、新问题、新思路以及学习的心得体会。通过思维导图可视化的笔记图示，可以呈现每个学生在学习过程中各不相同的思考过程，为日后查阅、思考和对知识的应用与创新做好必要的准备。

（三）借助思维导图进行课堂讨论

通过知识的交流与共享，可充分运用集体的智慧和技能有效地开发利用知识。新知识的创造离开知识的交流与共享是无从谈起的。利用思维导图进行课堂讨论就是个人知识管理过程中知识的交流与共享。在课堂教学中，教师可将学生分成若干个小组为所学内容绘制思维导图以期让学生能够在课堂上展开充分的讨论，通过讨论对主题内容进一步了解，以便更深入地分析。在讨论过程中，教师借用思维导图辅助作图，使用"头脑风暴"法激发学生思维，让学生围绕一个特定的兴趣领域展开讨论，这样便会使学生更积极、更自由地思考，不断碰撞出思想的火花。当学生有了新观点、新想法时，利用思维导图将它们及时记录下来，并且鼓励学生尽情发表各自的观点，其他同学要认真倾听，从而让他们建立学习自信心。在利用思维导图进行的教学课堂中，学生成为整个课堂的主体，教师始终作为一个引导者，这样便能充分调动学生学习的积极性和主动性，激发了学生的创造禀赋，这正符合当今教育的思想理念。另外，制作思维导图的过程也是一种具有协作性和互动性的学习练习活动，它能够加强学生之间的交流与沟通，从而培养他们的合作精神与团结意识。

例如，在学习"就业指导"这门课时，教师可以采用实际案例介绍职业生活。在教师讲解完案例后，学生可以小组讨论或自行归纳总结。教师可以逐步激发学生头脑风暴，把完美职场模型分散的感想总结归纳出来，培养学生总结归纳、创新思维能力。

五、思维导图在职业教育学习中的应用

使用思维导图可以把一长串枯燥的信息变成彩色的、容易记忆的、有高度组织性的图画。心理学研究也表明，刺激的渠道越多，大脑中建立的联系就越多，新信息就越容易储存在长时记忆中。眼、耳、手、脑并用是最富有成效的学习方式。近年来，思维导图已经在国内外的各学科教学中都有应用，且不仅仅局限于教育领域，还拓展到了企业的决策、培训和研发等过程中，它的魅力可见一斑。

（一）提高课前预习效果及增强教学反馈

通常布置学生预习新知识后，教师无从有效地检验他们是否预习以及预习的效果如何。久而久之，预习成为空谈。在职业教育中注重技能学习，而技能需要不停地练习以期巩固学习效果。如果利用思维导图制作预习思维导图，学生预习后，需要将自己上节课学习的内容和课外研讨的内容用思维导图表达出来，这样就促使他们在学习和倾听的阶段都保持着较高水平的回忆。在整理和修改思维导图的过程中，查找关键词和核心内容可以更好地帮助学生强化理解语言信息，促进可理解的语言输入和内化。思维导图利用了色彩、线条、关键词、图像等，大大增加了学生课堂中和课后回忆的可能性。在复习过程中，思路清晰、条理分明。由于思维导图的图形化，与文字材料相比，更容易在头脑中长久保持，所以对学生来说记忆效果更好了。学生复习时，在思维导图的指引下，把握重点、突破难点、掌握内容。

（二）提高学习绩效

首先，思维导图仅用关键词、图形和连线等，把一节课、一个单元甚至一门课程的内容"梳理"并"压缩"成由关键信息及其联系所组成的一张图，删除了冗余杂乱的信息。这种方式将数据根据彼此间的关联分层、分类管理，使资料的储存、管理及应用更加系统化，从而提高大脑运作的效率，减轻记忆的负担。其次，思维导图运用图形化技术来表达人类思维的发散性特质。借助于文字、图像、色彩和线条等组成的简单明了的图形把复杂内隐的思维过程呈现出来，便于理清思维脉络，回顾思维过程，促进学生反思，同时也便于交流和反馈。最后思维导图提供思维的"全景图"，可以使人的思维从焦点问题出发，在不同的分支上无限地发散和延伸，从而突破收敛性思维的束缚，激发出灵感的火花，产生创造性思维和创新的方案。

（三）提高知识的应用与创新能力

知识的应用与创新是知识管理的最终目的，也是学习的终极目标，而这也是思维导图的优势之一，它能激发大脑多种思维，锻炼学生的想象力和创造力，将其应用于课堂教学有利于知识的创新。课堂教学借用思维导图能够让学生的思绪飞扬。例如教师在课堂上给出一个项目，在规定的时间内，让学生应用思维导图写出十个以上的相关项目，再根据写出的这些项目继续向外扩展，写得越多越好。久而久之，学生不仅锻炼了思维的灵活性，激发了想象力和创新思维，而且可能会产生一种思维的跳跃，将不同事物进行创造性的连接，从而达到知识创新的最终目标。教师还可以综观全图，根据学生写下的内容，分析他们的知识结构特点，从而在教学过程中能够因材施教，挖掘并发展每个学生的个性特征，真正实现以学生为中心的教学理念。

六、思维导图在职业教育管理中的应用

思维导图引进职业教育中，是为了解决师生的学习困惑，提高学习效率，因此，它是课堂教学中强有力的工具。思维导图是一个既有效又现代的工具，它使用于各种管理信息的交流和过程的记录，进行绩效监测和过程性评价，为学校教育管理提供了新的实现途径和模式。学校管理思维导图的交互性使其成为教师之间、学校管理者与教师之间、师生之间沟通与交流的有效手段，有助于实现教育管理的民主化和数字化，提高管理的效能。教学中运用思维导图，给教师和学生"话语权"，从而及时地发现问题、解决问题。同时，思维导图可以提高学生行为的自觉性，增强教育的力度和说服力，对个人的不良行为有很好的制约作用，有利于学生提高辨别是非的能力，形成集体荣誉感，养成良好的品质，改正不良的作风。

（一）增进教师知识体系管理

思维导图可以增进教师知识内化及促进教师间的外显知识流动。利用思维导图进行知识管理，它的作用体现在知识收集、知识提取、知识共享和知识应用等知识管理过程中。在这些过程中，教师通过获得有价值的信息，经过消化形成知识，并且注重于挖掘其中的隐性知识内涵，提倡知识共享和知识应用。这可以强化自身的专业知识，也是继续教育的形式之一。

（二）加强学生自我管理

思维导图可以促进学生自我管理能力的培养。学生可以建立自己的学习思维导图，可以记录学习、思考的片段，可以不断进行自我对话、自我传播，不断调整自己的学习方式，并对自己的学习进行思考。思维导图有助于学生形成批判、发展的思想。这些思想在与学生、教师分享后得到进一步的内化或深化。

（三）扩大学习共同体

思维导图可以扩大学习共同体。教师或者学生都可以通过思维导图跟自己思想相同或相近的朋友，形成学习共同体，交流的范围还可远远超出本班同学。学习共同体扩大后，师生平等对话增强，学生可以通过思维导图传授自己的成功经验，可以指导

其他学生，这时它的角色就转化成"教师"，而教师有些问题也得向其他人求教，这时就变成了"学生"，师生角色变得模糊。学生和教师基于同一平台相互交流，双方的平等对话精神得到体现。

第二节　虚拟现实技术在职业教育中的应用

随着多媒体计算机技术、传感器技术、人工智能技术、场景生成技术、仿真技术等的飞速发展，通过计算机软件来创设虚拟现实已经成为可能。虚拟现实技术凭借其独特优势，已被越来越广泛地应用于职业教育教学中，不断为学生创造更好的学习环境。

虚拟现实技术已成为计算机相关领域中继多媒体技术、Internet 网络技术之后关注及研究、开发与应用的热点，也是目前发展最快的一项多科学综合技术。下面介绍虚拟现实技术的定义、组成、特征和分类。

一、虚拟现实技术的定义

虚拟现实技术（Virtual Reality，简称 VR）又称灵境技术，是 20 世纪末才兴起的一门崭新的综合性信息技术，它融合了数字图像处理、计算机图形学、多媒体技术、人工智能、人机接口技术、多传感器技术、网络技术等多个信息技术分支，是计算机技术的综合应用。具体而言，虚拟现实技术就是采用以计算机为核心的现代高科技生成逼真的视、听、触觉等一体化的虚拟环境，用户借助必要的设备以自然的方式与虚拟世界中的物体进行交互，相互影响，从而产生身临其境的感受和体验。虚拟现实技术的应用前景十分广阔。

二、虚拟现实技术的系统组成

虚拟现实技术是高度集成的技术，涵盖计算机软硬件、传感器技术、立体显示技术等，是计算机生成的给人多种感官刺激的虚拟世界，是一种高级的人机交互系统。一般虚拟现实系统包括五个组成部分：计算机、输入输出设备、软件应用系统、数据库和用户，其组成如图 5-1 所示。

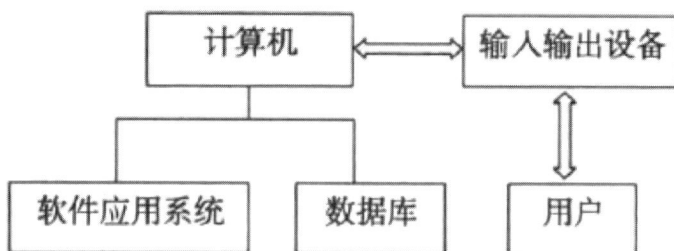

图 5-1　虚拟现实系统组成

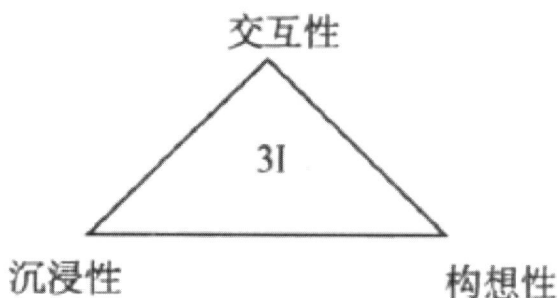

图 5-2　虚拟现实技术的特征

三、虚拟现实技术的特征

虚拟现实技术具有三个"I"特征：沉浸性（Immersion）、交互性（Interactivity）、构想性（Imagination），即所谓的虚拟三角形，如图 5-3 所示。

（一）沉浸性

沉浸性又称浸入性，是指用户感觉到好像完全置身于虚拟世界之中一样，被虚拟世界所包围，被认为是 VR 最主要的特征。

（二）交互性

交互性是指用户对虚拟环境中对象的可操作程度和从虚拟环境中得到反馈的自然程度，包括人的参与与反馈、人机交互的有效性和实时性。

（三）构想性

构想性指虚拟的环境是人想象出来的，同时这种构想体现出设计者相应的思想，因此，可以用来实现一定的目标。

四、虚拟现实系统的分类

在实际的应用过程中，我们根据用户参与虚拟现实技术的不同形式、"沉浸性"程度的高低和交互程度的不同，将虚拟现实技术划分为四类：桌面式虚拟现实系统、沉浸式虚拟现实系统、增强式虚拟现实系统和分布式虚拟现实系统。

（一）桌面式虚拟现实系统

桌面式虚拟现实系统（Desktop VR），又称为非沉浸式虚拟现实系统或窗口虚拟现实，是利用个人计算机或初级图形工作站等设备，以计算机屏幕作为用户观察虚拟世界的一个窗口，采用立体图形、自然交互等技术，产生三维立体空间的交互场景，通过包括键盘、鼠标和力矩球等各种输入设备操纵虚拟世界，实现与虚拟世界的交互。如汽车模拟器、飞机模拟器等都属于桌面式虚拟现实系统。桌面式虚拟现实系统要求的技术非常简单、实用性强、需投入的成本也很低，适宜推广应用。

（二）沉浸式虚拟现实系统

沉浸式虚拟现实系统（Immersive VR）是利用头盔显示器和数据手套等各种交互设备把用户的视觉、听觉和其他感觉封闭起来，使用户完全置于计算机生成的虚拟环境之中，并利用这些交互设备游弋于虚拟环境，产生一种身临其境、全心投入和沉浸其中的感觉。它是一种高级的、较理想的虚拟现实系统，提供一种完全沉浸的体验，使用户有一种仿佛置身于真实世界之中的感觉。其主要的特点包括：高效的实时性能、高度的沉浸感、能支持多种 I/O 交互设备并行工作。

（三）增强式虚拟现实系统

增强式虚拟现实系统（Agrmndize VR）既可以允许用户看到真实世界，同时也可以看到叠加在真实世界中的虚拟对象，它是把真实环境和虚拟环境组合在一起的一种系统，既减少构成复杂真实环境的计算，又可对实际物体进行操作，达到了亦真亦幻的境界。这种类型的虚拟现实典型的实例是战机飞行员的平视显示器，它可以将仪表读数和武器瞄准数据投射到安装在飞行员面前的穿透式屏幕上，它可以使飞行员不必低头读座舱中仪表的数据，从而可集中精力盯着敌人的飞机和导航偏差。常见的增强式 VR 系统有：基于台式图形显示器的系统、基于单眼显示器的系统（一个眼睛看到显示屏上的虚拟世界，另一只眼睛看到的是真实世界）、基于透视式头盔式显示器的系统。

虚拟现实尽可能消除人们对真实世界的感知反应，而增强现实是对真实世界的加强。现实—虚拟之间的连续变化关系，如图 5-3 所示。

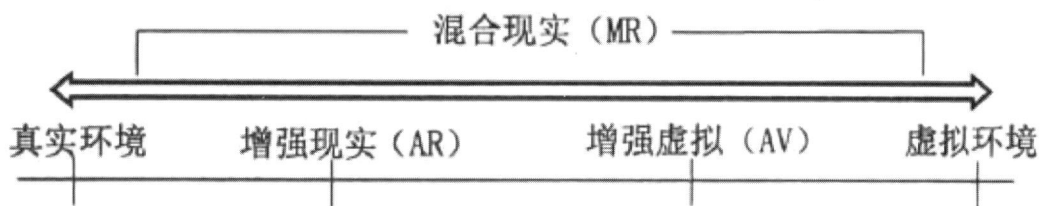

图 5-3　现实—虚拟之间的连续变化关系

（四）分布式虚拟现实系统

分布式虚拟现实系统（Distribute VR，DVK）是基于网络的虚拟环境，在沉浸式虚拟现实系统的基础上，将位于不同物理位置的多个用户或多个虚拟环境通过网络相连接，并共享信息，从而使用户的协调工作达到一个更高的境界。目前最典型的分布式虚拟现实系统是作战仿真互联网和 SIMNET 系统，如图 5-4 所示。作战仿真互联网（Defense Simulation Internet，DSI）是目前最大的 VR 项目之一。该项目是由美国国防部推动的一项标准，目的是使各种不同的仿真器可以在巨型网络上互联，它是美国国防高级研究计划局 1980 年提出的 S1MNET 计划的产物。SIMNET 由坦克仿真器（Cab 类型的）通过网络连接而成，用于部队的联合训练。通过 SIM-NET，位于德国的仿真器可以和位于美国的仿真器一样运行在同一个虚拟世界，参与同一场作战演习。

虚拟现实的发展前景十分诱人，目前已在军事与航空航天、科学可视化、教育与培训、建筑设计与城市规划、娱乐和文化艺术领域、商业领域、工业应用和医学等领域得到了广泛的应用。在国外，虚拟现实已应用于课堂教学。虚拟现实作为新的教学媒体，它的出现无疑对职业教育的发展具有革命性影响。

五、虚拟现实技术在职业教育中的作用

职业教育是以服务为宗旨，以就业为导向，着力培养学生的职业道德、职业技能和就业创业能力，是国家教育事业的重要组成部分，是促进经济、社会发展和劳动就业的重要途径。职业教育课程具有操作性、实践性强等特点，强调理论和实践训练并重，强调实训教学，突出学生动手能力的培养，以适应将来的工作岗位。在当下的职业教育中，最大的问题就是实验设备昂贵、损耗比较严重、型号落后、更新换代难以跟上科技发展的步伐，再加上教学模式单一，造成学生缺乏兴趣、积极性不高、动手实践能力差等，违背职业教育的初衷。面对这些问题，把虚拟现实技术引入职业教育中，促进教育内容、教学手段和方法现代化，对职业教育的发展具有革命性影响，其作用也是显而易见的。

（一）降低实操实训成本

现代的职业教育以实践教学为主体，促进学生技能的培养，因此，一方面学校各个专业必须建设相应的实验、实训场所，才能满足日常教学的需要。学校为此要投入大量的财力和物力，但往往只能满足一段时期的教学需求，一旦相关行业有了较大的发展，原有的教学实训设备和设施因过时而面临被淘汰。另一方面，职业教育中实操实训设备投入太大，少则几十万元，多则上百万元，且实操实训材料费用昂贵，消耗很大，很少有学校有足够的财力多次进行投资，实操实训十分困难甚至不可能实现。因而，职业教育也同普通教育一样大力提倡多媒体教学，教师借助电脑、投影仪等多种媒体来辅助教学。而利用虚拟现实技术，可弥补这些条件的不足，学生可获得与真实实训一样的体会。例如，在虚拟汽车维修室环境中，学生可以在虚拟的汽车部件上进行检查、维修的全过程；系统可对学生操作效果进行及时反馈，并讲解有关知识点。这样就缓解了因缺乏实训教具及缺少教师指导造成学生实训动手操作太少的问题。更重要的是，利用虚拟现实技术建立起来的虚拟实训场所，其"设备"与"部件"多是虚拟的，可以根据教学内容的更新，随时生成新的设备，无限地使用那些昂贵或无法获得的设备，使实践训练及时跟上技术的步伐。

（二）彻底打破空间与时间的限制

在专业技能训练中，通过不断的训练来达到一定的熟练程度，只靠一堂课的练习是远远不够的。利用虚拟现实技术，可以彻底打破空间和时间的限制。虚拟实训场所可以使学生不论在任何时间、任何地点都可以进行练习，而且虚拟的设备和部件也不会因多次使用产生磨损或报废。比如，在农林专业教学中，很多专业实验实训都有季节性，一年之中可能只是在一些特定的时间段内做特定的实训，如花卉栽培、育种、动物繁殖等，利用虚拟现实技术构建出来的虚拟系统不受时间、季节的限制，而且可以节约实训中各种生物生长期的时间，把关注点只置于各个知识节点上，原来需要几十天、几十年、几百年、几千年才能观察的变化过程，通过虚拟现实技术，可以在很短的时间内呈现给学生。

（三）创设虚拟情景突破传统的教学模式

职业院校通常采用传统的课堂授课、计算机辅助教学和师传徒受的教学模式，存在一定的局限性。虚拟现实技术应用于职业教育，促进教育内容、教学手段和方法现代化和教学模式的改革，将传统单一的师生交互环境，转变为师生、人机、生生多个交互系统的有机环境，从而构建新型的教学模式。教师可以根据教学内容的需要进行选择，提供独特的真实的教学，可以把包含不同媒体信息的各种教学内容统一起来，如电子文档、音频、视频等，有利于教师更加灵活地使用和展现教学信息，增大教学容量，提高课堂效率。还可以通过创设教学环境、技能示范等方式将抽象的内容用具体形象的形式表现出来，帮助教师对教学重点、难点的讲解，提高教学效率。

（四）激发学习动机增强学习兴趣

虚拟现实技术在职业教育中应用具有职业性、实践性、情境性、过程性和开放性等特点。利用虚拟现实技术创设教学情境、模拟职业情境、实践操作，将抽象问题具体化、微观问题宏观化、复杂问题简单化，为学生提供一种基于自然的交互作用和个性化的学习环境，学生不仅仅是一个观察者，而且是一个积极主动的参与者。在这种虚拟学习环境中，学生的多种感觉（视、听、触觉等）与虚拟学习情境相互联系和作用，摆脱了传统书本教育和普通多媒体演示的教学模式，在人机交互过程中产生强烈的学习欲望以及知识、技能获取的持久性，激发了学生的学习动机，增强了学生的学习兴趣和主动性。此外，学生在虚拟环境中"做中学"，能够有效地把知识学习和能力形成结合在一起，加强学生动手能力的培养，提升职业技能。

六、虚拟现实技术在职业教育课堂中的应用

目前，虚拟现实技术在职业教育课堂中的具体应用，主要体现在实物展示、虚拟教学、虚拟实验、技能训练等方面。

（一）课堂教学演示工具

在职业教育课堂教学过程中，学生主要通过书本、挂图、多媒体课件查看设备或元件的图形，或在现场观察实际的教学设备外形来获得各种感性认识。通过虚拟现实技术制作课件来辅助课堂教学，实现教学仪器、设备、加工产品的立体展示，便于学生观察每个零件或设备的内部结构，帮助学生理解设备的组成、结构和工作原理。如在数控教学中，采用虚拟现实技术构建一个与实物同样的 3D 零件或 3D 机床，学生可随时随地从不同角度观察、认识这些仪器设备，而且可单独观察每个零件直至设备内部的结构，可帮助学生理解数控设备的组成、结构和工作原理，提高学习效果。

（二）创设虚拟教学情境

虚拟教学主要利用虚拟现实技术创设教学情境，让学生模拟岗位角色，通过对每个角色的工作内容深入分析，将多种需要传达的知识集中到角色身上，在短时间内就可让学生完成零距离的实操体验。

（三）构建虚拟实验空间

虚拟实验主要利用虚拟现实技术建立虚拟实验室，构成的实验系统逼真、生动，给学习者提供了一个新颖和谐、身临其境的学习环境。进入虚拟实验室的学生可以身临其境地操作虚拟仪器，进行设备的安装与调试、故障检测与维修，以及仪器连接与其他实验等。在完成虚拟实验后，有条件的应当再去做做真实实验，将虚拟实验与真

实实验的过程和结果进行比较，促进学生将"虚"落到"实"处。

（四）创新职业教学模式

虚拟实训主要利用虚拟现实技术的沉浸性和交互性，让学生成为虚拟学习环境的参与者。例如进行飞机驾驶技能、地铁司机驾驶技能、外科手术技能、教学实验技能等职业技能训练时，可避免条件、费用和危险等不利因素的困扰。但它不能替代真实的动手实践，这对于培养学生动手能力为主的职业教育来说，存在不足。因此，要理顺虚拟训练与实操实训之间的关系。一是互补关系，即实操实训不能实现的内容，如有毒、有害、危险场所的实训内容，利用虚拟训练可以实现；二是融入关系，即现代职业教育中的实训教学中，基本上都融入了虚拟训练方案；三是顺序关系，即采用虚拟训练与实操实训相结合的教学方案时，一般都是虚拟训练在前，实操实训在后。随着计算机技术的快速发展，仿真实训对实操实训的互补作用会越来越强，同时，实操实训对虚拟实训的依赖程度会越来越高。在现阶段，职业教育可采用"虚拟实训＋实操实训"相结合的教学方式，开创职业教学新模式。

七、虚拟现实技术在职业教育实训教学中的应用

实训教学是体现职业教育特色、促进学生职业能力形成、实现职业教育培养目标的主要途径。目前的实训设备具有很强的专用性，即使学生掌握了某种设备，但对通用设备仍然不能应用自如。随着技术的高速发展，设备的更新永远赶不上实际需要，利用虚拟现实技术模拟各种设备，提供虚拟实训，是解决这一问题的重要手段。虚拟现实技术在实训教学中的应用涉及各个学科，例如虚拟导游实训、数控实训、模具实训、园林景观设计实训、机械装配实训、物流工程实训、电子类实训、焊接实训、数字电路实训、计算机应用实训、电气控制实训等。虚拟现实技术在教学中发挥了重要作用，尤其在学生技能训练中彰显了非凡的魅力。以全面素质发展为基础、以职业能力为本位、以提高技能水平为核心的实践实训教学，对虚拟现实教学提出了明确的要求。

例如数控专业，许多职业学校经济拮据，数控设备严重缺乏，教师不得不以理论讲授为主，学生动手独立操作与实际维修训练的机会很少，教学只能"在黑板上开机床，在练习本上编工艺"。利用虚拟现实技术建立虚拟实验室，学生身临其境般地操作虚拟仪器，如进行虚拟数控设备的故障检测与维修，进行各种虚拟的数控系统的连接与组装，进行虚拟数控设备的安装。

在数字电路的虚拟实训中，通过虚拟的电路器件来达到电路设计的目的，避免了购买器件带来的麻烦。利用虚拟现实技术学生还可以进行网络设备设计、电路设计等方面的学习探索，设计出新型的网络设备和电子器件，从而激发学生的创造性思维，培养学生的创新能力。

在旅游专业实训教学中，传统的沙盘模型实训教学方式受学校教学空间、场地的限制，难以大规模制作，且缺乏现实感和场景感，不能真正发挥学生临场导游作用。虚拟现实旅游实训系统能够为学生提供生动、逼真的学习环境，学生可以根据自己的时间和实际需要，足不出户，全身心地投入虚拟学习环境中，畅游于名胜古迹、名山大川之间，通过不断反复练习，直至掌握操作技能为止，突破专业技能瓶颈。

虚拟现实技术在职业教育实训教学中的应用，为实操实训做好了前期的预习准备，实现了个性化导训，解决了实操实训过程中危险性大、实训费用高、实训时间短等问题。随着虚拟现实技术的发展，虚拟实训教学将在实训中发挥更大的作用，推动传统的实训手段向信息化、现代化发展，进而促使实训手段、方法、内容、模式的变革，我们应该关注、研究、运用它，谱写应用型、创造型人才培养的新格局，开创教育发展的新未来。

第三节　职业教育领域中微信公众平台的建设

"互联网＋教育"大背景的影响下，教育领域也开始对教育教学方式进行改革。职业教育是社会发展的产物，其具有"教育性"和"产业性"双重属性，为互联网与职业教育的融合提供了良好的创新思路和广阔的发展空间。微信公众平台作为一种一对多的信息推广平台，如果应用到教育领域中，对教育信息的传播与推广会起到积极的推动和促进作用。本节提出职业教育如何顺应"互联网＋教育"的发展模式，进而论述职业教育领域中微信公众平台的建设问题。

2015年国务院印发的《关于积极推进"互联网＋"行动的指导意见》明确要求："鼓励学校通过与互联网企业合作等方式，对接线上线下教育资源，探索基础教育、职业教育等公共服务提供新方式。"随后《高等职业教育创新发展行动计划（2015 — 2018年）》则围绕"互联网＋"的发展模式提出一系列的行动计划。《国家中长期教育改革和发展规划纲要（2010 — 2020年）》也提出："把职业教育纳入经济社会发展和产业发展规划，促使职业教育规模、专业设置与经济社会发展需求相适应。"职业教育自身具有教育性和产业性的双重属性，职业教育的产业性无疑是社会发展的产物，其赖于社会环境，具有鲜明的时代特征。职业教育的根本是适应经济发展，满足产业发展需求并推动产业创新，它的宗旨是服务于社会发展，推动技术进步和产业升级。职业教育最重要的特征是针对行业发展趋势，适时灵活地调整和设置专业，为社会输出专业的技能型人才。"互联网＋"引起的时代变化，为职业教育的改革发展提供了新的思考和努力的方向，主动适应"互联网＋"模式的教育是职业教育进行教学改革的客观要求和必然选择。

一、如何顺应"互联网＋职业教育"的发展模式

为了顺应互联网时代的发展趋势，信息化与各个产业相结合，势必对技能型人才的需求更加巨大。中国的职业教育要适应这种信息技术下的产业革命对人才需求的变化，就必然要对当下的教育理念及教学模式进行改革和调整，以推动职业教育的现代化进程。

（一）转变传统的教学观念，建立适应"互联网＋职业教育"思维的教育体系

建立适应"互联网＋职业教育"思维模式的教育体系，既要转变传统的教学观念，也要转变教学质量评价的方式。利用网络的特性，无论是学校的职业教育还是社会上的培训机构，都要实施现代信息化的动态的教学管理和评价机制，教师要改变一本教案用一生、敷衍的念经式教学模式。大数据下的信息化资源共享，有利于教育部门及时掌握社会动态，进一步促进职业教育的现代化发展。

（二）深化学校与社会企业间的内部合作，推动职业教育培养模式的转变

我国目前的职业教育培养模式，看似百花齐放，实际上仍然是学校为主导，进行单一的知识技能教育。学生只是为了就业而学习一技之长，学校忽视了对学生综合素质的培养，很容易造成学生有才无德、无法适应社会生活。利用网络平台，将教学与兴趣相结合，使学生了解社会需要，自主学习与教师辅导相结合，并适时地请行业技能专家进行技术指导和网络宣讲，根据产业需要和发展，实施"需求导向"的培养模式。

（三）利用网络，建立严格、综合的职业技能考核体系

职业院校相对其他学校具有较强的独立性，这种独立性导致各学校培养的学生水平参差不齐。在"互联网＋"背景下，职业教育的评价体系可以依靠技术支持，实施区域统一化的考核制度，对学校教学改革、教师教学方式及学生的个性化培养进行综合评估。通过"互联网＋教育"模式的培养，既实现了学生的个性化培养和差异性教学，实现了因材施教，又进行综合性评价，提高了学生的综合素质，使其才艺双馨、德才兼备。

（四）建立网络平台，搭建互联网与职业教育之间的桥梁

对"互联网＋"内涵的理解，腾讯研究院认为是"利用现代信息通信技术，将互联网及包含传统行业在内的诸多行业紧密结合起来，开创一种新的业态"。那么"互联网＋职业教育"就可以理解为职业教育行业以互联网为平台，充分利用外部资源，使海量信息与无处不在的大数据动起来，促进教育教学发展，提升职业教育水平的过程。建立一个具有大众化、普遍性、及时性的公众平台，是实现互联网与职业教育相结合

的教育教学模式行之有效的措施。

二、职业教育领域中微信公众平台的建设

2011 年腾讯推出微信这一款通信软件，它可以实现用户与他人之间运用文字、语音、图片、图文、视频等形式的信息互动，不仅可以语音聊天，还可以视频聊天，极大地方便了用户的移动交流。2012 年，微信增加了微信公众平台的功能，除了兼容微信的功能之外，还可以自己创建公众平台，按照自己的意愿发布包含文字、语音、视频、图片、音乐等类型的消息内容，只要关注公众号，便可接受其发布的所有内容。如今，微信已家喻户晓，几乎所有的手机使用者都使用微信，这也给教育者提供了新思路。当前，大多数学校和教育机构都开通了微信公众号，但大多是用来发布教育资讯、文化宣传和新闻推广的，也有一些某一领域的权威人士通过开通自己的微信公众号来发布一些个人观点和教育动态。但利用微信公众号进行辅助教学的却很少，如果教师可以将微信公众平台与课程教学相结合，对学生学习和教师教学管理都有积极的作用。

（一）职业教育领域中微信公众平台的建设

1. 微信公众平台的设计

在职业教育领域中，微信公众平台的建设和使用是用来辅助教学的，其移动性和分散性大的特点，既可以辅助传统的课堂教学，也可以拓展到课外教学活动。为了更好地说明，首先我们需要建立一个微信公众号如"职教中心"，下面介绍一下微信公众平台的设计过程。微信公众平台的管理操作在 PC 端，主要有三大默认功能：群发功能、自动回复功能和投票管理功能。如果需要添加其他功能还可以通过"添加功能插件"进行自定义添加。微信公众平台的群发功能，可以支持文字、语音、图片、图文、视频等五种形式的内容发送，发送对象可以根据需要设置分组，进行选择性发送信息，具有很强的针对性。教师课前可以将需要学习的内容通过群发功能发送给学生，提前让学生进行预习，也可以将需要拓展延伸的部分制成小视频，学生可以课下观摩学习。自动回复功能包括消息自动回复、被添加自动回复和关键词自动回复等三种。教师可以根据需要设置自助查询导航，学生根据导航获得的对应信息或回复关键词来获得所学内容和信息，实现自主自助学习。微信公众平台的投票管理功能可以用于在线测试或辅助教学评价。如果教师想通过平台了解学生对知识点的掌握情况，可以设置一个问卷发起投票，要求学生在规定的时间内完成测试。微信公众平台的一大特色是自定义菜单功能，教师可以根据自己的设计来安排设置菜单。每个账号最多可创建三个一级菜单，每个一级菜单下最多可创建五个二级子菜单。比如，一级菜单可以设置为专业学习、职业培训、就业信息，在每个一级菜单下，再根据学校特色设置二级菜单。专业学习可包括课程教学、课外拓展、问题答疑及作品展示。教师可以将专业学习部

分制成小视频，通过微信公众平台开展翻转课堂的学习模式。

微信公众平台主要包括三大管理模块，分别为消息管理、用户管理和素材管理。消息管理主要是对学生发来的信息及时地查看和回复。消息管理分为全部消息和星标消息，如果认为某人特别重要或其消息内容有特殊价值可以标注星标，对其消息进行特别关注。用户管理可以实现用户的有效管理，包括设置备注和分组管理。分组可以使消息发送对象更有针对性，如果需要单独沟通，点击头像即可实现。微信的聊天功能，可以增加学生与教师间的交流，既可以用文字形式，也可以用语音聊天，学生和教师可以随时就某一话题展开讨论，既可一对一交流，也可一对多沟通。如果对某一问题不止一个人有疑问，教师可以通过分组群聊集体解答问题，这样不仅使教师更加深入地了解学生存在的问题，还有益于学生对知识点的掌握与拓展。素材管理是微信公众平台的材料数据库，系统根据消息类型自动分类，主要包括图文消息、图片库、语音和视频。教师所有需要发送的学习素材都要通过素材管理进行发送，这里既可以新建素材内容，也可以查看已发送的消息等。

2. 微信公众平台学习材料的设计

基于微信公众平台的学习材料是通过多媒体呈现的，因此，学习材料的设计既要符合课程内容的要求，也要综合移动学习的特点。

（1）学习内容模块化。微信公众平台的教育是为了辅助课堂教育，并不能完全取代传统课堂，更不能将所有课堂教学的内容都挪过来使用微信公众平台教学。基于微信移动性的特点，学生的学习时间相对有很大的灵活性和分散性。因此，微信公众平台的学习材料尽量选择短小精练且松散的知识点，模块间独立且完整，前后模块之间的依赖关系不能过于紧密，但零散的知识点背后又能具有一定的知识关联性，确保学习内容的逻辑性和系统性。

（2）材料设计精练化。利用移动设备学习的影响因素很多，其移动性、灵活性的特点也造成学习时间的零散化。学习者注意力基本上是分散的，不能做到高度集中，因此，在学习材料的设计形式上，就要注意提高学生的学习动机，提高学习兴趣。在文字类材料的设计上，语言要力求精练准确，以最精练的语言简明扼要地呈现出最大的信息量，对于重难点地方可以通过使用特殊符号着重标记，或以图表的形式加以说明。对于图片视频类内容，在保证清晰度的前提下，控制图片和视频大小，图片选择合适的尺寸，视频播放时长尽量控制在20分钟左右。

（3）信息资源链接化。由于微信公众平台"微信息"的特点，材料内容往往会受篇幅大小的限制，很多信息不能做到详尽阐述。有些新内容涉及以往知识点，可以在旧知识点处设置超链接，一些基础知识不牢固的学生可以通过超链接进行知识重温和回顾。有些拓展延伸的内容，可以设置链接或超链接，学生遇到感兴趣的问题点击链接就可以跳转页面进行拓展学习。这样不仅免去反复推送的麻烦，还能节省空间资源，使信息更具条理性和系统性。

（4）消息推送有效化。消息推送的有效化包括两个方面：推送时间的有效化和推送内容的有效化。推送时间有效化是指消息的推送者要在每天固定的时间段里进行消息的推送，课程的推送最好在早上 8 点左右，这样学习者可以根据自己的情况合理安排学习时间，也使学生有充裕的时间来消化和吸收推送内容，符合微信利用碎片化时间进行有效学习的特点。推送内容的有效性主要是指课程内容的推送设置封面应加上一段描述性的内容介绍，这样学习者可以通过预览介绍来了解课程内容，进而选择是否有学习的必要性，提高推送内容的有效性。

（二）微信公众平台应用于职业教育领域中的优势

1. 随时随地的碎片化学习

职业教育的特点决定了学生的学习活动，除了接受在校常规的课堂教学以外，还有大量的实习、实训等课外实践工作。实践学习的流动性，导致学生学习过程的碎片化，对学生的学习进度、学习效率都有一定的影响。而微信公众平台的存在，恰恰符合学生学习的碎片化形式。微信公众平台不仅可以发表文字和图片，还可以及时发送语音、视频、地理位置等立体信息。微信碎片化的信息，往往都是围绕某一个热点信息所展开，当大量的碎片化知识汇聚在一起，便形成一个知识网络，其效果不仅可以潜移默化，还能使印象逐层加深，从而达到根深蒂固的作用。

2. 突破时空限制，加强师生互动

微信公众平台作为职业教育的辅助教学平台，可以不受时间和空间的限制，学生随时随地地进行学习和与教师沟通。教师在课上没有拓展的内容，可以在课下制成教学材料通过微信公众平台发送给学生，学生也可以将自己的疑难问题发送给教师，如果是共性的问题，教师通过群聊进行重点讲解，如果是个性问题，教师可以通过私聊与学生进行沟通，一些内向的学生通过这种形式的提问也避免了面对面羞于提问的尴尬。这种边玩手机边学习的方式不仅调动了学生学习的积极性和主动性，提高了学生的学习效率，还提高了学生与教师、学生与学生之间的互动频率，使教师更加了解学生学情，增加师生间的情感沟通与交流。

3. 海量优秀教学资源共享

近年来，职业院校建立了大量的"精品课建设"和"示范校建设"等数字化教学资源，涉及教育教学、职业培训等内容。然而，由于职业教育相对独立的教学环境，使大量的、优秀的教学资源只能沦为"信息孤岛"，无法实现教育资源共享，更无法实现社会化学习，造成很多资源的浪费和重复。而在"互联网＋"的背景下，将各种资源互联，通过微信公众平台将内容进行有效的归类和编辑，实时推送，可以极大地减少教育者的重复劳动，实现教育资源的优化共享。

4. 满足社会需求的动态性

职业教育的目标是"培养高技能人才，适应产业发展的需要"，其办学模式和人才培养模式相对来说比较稳定，使得职业教育无法紧跟社会变革的需求，培养适合社会用工需求的高技能人才。为了满足社会需求的动态性，教学变革便需要具有前瞻性。而微信公众平台可以以其针对性高、传播速度快的特质，及时有效地通知重要的活动、重大事件等，实时提供社会企业用工需求的变化信息，具有动态性和前瞻性。职业教育可以通过这些信息及数据分析，来掌握社会对人才的需求变化，及时调整学校的教学资源。

（三）微信公众平台在职业教育领域中尚存在的缺陷

1. 微信公众平台本身存在限制

微信公众平台对信息发送的数量以及消息文件大小都有着明显的限制。未经过认证的公众号只能发送图文信息，却不能实现链接的跳转。关注人数在一千以下的公众号，每天只能推送一条消息，即使经过认证，关注人数达到一千以上的公众号，一天内最多也只能推送三条信息。对字符多少、图片大小、语音时长等也都有明确的要求，这就大大限制了微信公众平台推送学习内容的容量。对此，要想实现微信公众平台对教学的有效辅助，就需要研制开放更多的权限，致力于更好地服务于教育教学。

2. 良莠不齐，尚未形成规模

目前，教育类的公众号种类繁多，但良莠不齐，职业院校的微信公众平台主要是新闻宣传和活动推广，很少有公众号提供实用的学习内容和就业信息。大部分公众号在推送几篇文章后，长时间没有内容更新，甚至没了踪迹。通过搜索发现，与职业教育相关的公众号有很多，但无效公众号也占了不小的比重，这种注册公众号却不及时更新和使用，与没有公众号的性质是一样的。只有良好地使用微信公众平台，及时地推送有效信息，才能实现微信公众平台对职业教育服务的最大价值。目前，将微信公众平台应用于职业教育领域还处于建设初期，相关部门应该予以鼓励和支持。

3. 缺乏专业化的运营团队

教师利用微信公众平台来进行教学，其教学内容的选择和设计都有很强的自主性，对内容的选择和制作也会花费大量的时间和精力。如果微信公众平台全由教师一人建设和管理，对于教师来说，无论是技术层次还是个人精力都是极大的挑战。因此，应用于辅助教学的微信公众平台，需要专业化的运营团队来建设和推广，该团队应由懂得学科专业知识和技能的领导教师负责，既要包括负责软件操作维护和内容制作的技术人员，又要有专门的信息采编和推送的编辑人员。这样才能防止由于个人精力有限，导致信息推送不及时甚至公众号休眠的后果发生，确保微信公众平台的高效运营。

4.受利益驱动影响较大

绝大部分的微信公众号是自媒体平台，由企业机构创建，而这些企业机构更多的是以盈利为目的，实质是通过借助公众平台的优势帮其做文化宣传和招生工作，其推送的消息含有大量的广告成分，真正提供给用户的有效学习信息少之又少，这类公众平台对辅助教学就几乎没有什么实际意义。目前，很少有微信公众号是纯粹为了教育教学而打造的，我们期待有更多的学校和教育机构以服务学生为宗旨，打造一个专业化的、有效辅助教学的微信公众平台。

三、建议措施与展望

"互联网＋教育"的发展模式无疑在教育界已经掀起一场信息化的教育革命，对职业教育来说既是新机遇也是空前的挑战，面对如此声势浩大的教育革命，职业教育不能眉毛胡子一把抓，我们需要的不是面子工程，更不是盲目跟风的仪式感，如何真正有效地利用互联网的平台来推动职业教育更好地发展，才是国家推广这一模式的宗旨。从微小的切入点入手，借助微博、微信、微信公众平台等这些传播速度快、传播范围广的网络媒体，利用零散的学习时间、移动的学习地点来接收碎片化的信息，无论对职业教育还是高等教育都是将互联网与教育相结合的有效措施。

目前，高校普遍建立的微信公众平台的功能主要集中于院校简介、校园助手、教务相关、活动相关、招聘信息等内容，是以更好地服务学生校园生活为宗旨的。这种微信公众平台已基本普遍并趋于成熟，当前迫切需要的是建立以辅助教学为目标的、服务教育性质的微信公众平台。这种以服务于课程教学为宗旨的微信公众平台的建设可以根据各职业院校不同专业的特点，个性化打造课程内容。不过目前这种建设模式还处于初级阶段，在建设这种微信公众平台之前，需要架构一个系统的框架和运营体系，其中，需要巨大的人力、物力和财力的支持，背后需要有强大的技术团队支撑，单靠一己之力很难驾驭和完成。但是，一旦这种模式的微信公众平台建设成功并形成规模，无论对职业教育还是高等教育的发展，无疑有着巨大的推动作用。

第四节 "抖音"短视频教学特点及对职业教育的启示

随着短视频在互联网中的发展，出现了许多优质的短视频APP，其中"抖音"发展最为火爆。"抖音"短视频在各种领域都有涉及，其中教育领域中的短视频也得到了极大的发展，吸引了许多年轻人的参与。职业教育的发展要跟进时代的潮流，增加对网络信息资源的投入，将"抖音"短视频教学模式引入课堂，改善传统的课堂环境，提高教学质量，激发学生的学习兴趣。

一、抖音概述

抖音是一款专注于社交的 APP，在抖音上的用户可以分享个人的兴趣、爱好、生活、娱乐，同时通过支持网友互相关注、点评、点赞等方式的交流结交到与自己志趣相投的朋友，了解奇人异事。抖音具有多元化的特点，其主打的短视频内容丰富、包容性强、涵盖范围广，包括音乐、舞蹈、创意、旅行、运动、科技、美食、生活、时尚、政务等一系列你能接触到能想象到的类型。从 2017 年至今，抖音短视频凭借其有趣、有料、丰富而独特的内容和功能，让抖音上众多"网红"产品深受用户的追捧，其内容和功能包括：节奏明快、特色配乐、时尚剪辑、精准推送、诙谐内容和良好互动。抖音短视频设计最初的灵感来源于"微视频"，并且主要以创意、趣味、短而精作为传播和创作的推动力。

抖音自 2016 年上线运行以来，其靠较高的跨平台性，覆盖了 PC 端和移动端，在提供了诸多互动的社区，诸如网页、博客、公众号。抖音短视频强大的分享功能也支持多平台分享，包括微信、微博等主流的分享平台，在各种应用的社交圈汇总形成交叉式的传播网络。

二、"抖音"短视频教学的特点

（一）"抖音"短视频教学的创新性

"创新"是所有事物可持续发展的原动力，教学也不例外。"抖音"视频凭借其独特的创新性，备受用户的青睐，可谓是老少皆宜。其中短视频教学也让作为学生的"用户"兴趣万分。"抖音"通过短视频的方式快速地给学生介绍一个知识点，同时加上语音旁白，便能让学生感受到听觉和视觉的多重体验，加深学生的理解和记忆。"抖音"短视频让用户可以在任何地方、任何时间免费学习。学生只要通过一个手机，就可开启学习模式。这样不仅可以让学生充分利用零碎时间，还可以大大增加学生学习的积极性。在学生一遍听不懂的情况下，可以反复听、反复看，通过不断的学习加深印象，对于教学视频中有疑问的地方，还可以通过视频下方留言来提出观点。通常情况下，一个有效的观点会引出许多学生的互相讨论。在"抖音"软件中对 PS 的教学讲解，在一分钟的视频里，针对单个知识点进行讲解，比如"增加裂纹效果""照片快速调色"，通过手动操作和简短语言讲解，将一个知识点快速地解释给读者，如果读者还是有所疑惑，可以点开评论区查看他人的讨论，评论区不但有对该视频的理解，甚至还会有专业人士对该知识点的拓展，让读者更深入地理解。截至目前，制作该教学视频的抖音账号已有 77 万关注者，累计有 88 万点赞数。

（二）"抖音"短视频教学的交互性

人类区别于低级动物最重要的能力就是沟通，而交互就是沟通的实现方式之一，师生之间良好的交互性有助于教学质量的提升，"抖音"短视频的强交互性也是其最有优势的特点之一。通过教师与学生之间的互动，可以使学生理解并提高成绩，从而实现学习能力的提升。在"抖音"短视频教学中，没有地域的界限，没有年龄的界限，相同的视频教学，拥有多年龄段的学生，不同地域的学生，不同种族的学生，甚至不同国家的学生，他们因相同的需求、求知欲而组建成学习共同体，他们可以跟传统教学一样交流、探讨。不仅是学习者与学习者之间的互动，还可以是学习者与视频制作者之间的互动。如果学习者对视频的教学有任何意见，都可以通过评论区让视频制作者第一时间知晓，这样视频制作者可以通过学习者的意见或者建议改进自己的教学视频，更贴近学习者的需求。最主要的是，学习者在评论区的留言可以第一时间被老师看到，老师可以第一时间进行答疑，若学生仍然有不懂的地方，可以继续进行提问，老师可以短时间内再次回答。这样的师生互动是双向的，可以高效率的反馈，节省了双方很多的时间，可帮助学习者在短时间内达到更高的学习效率。这种互动的个性化学习方式，使每个学习者既能更好地发展自我，又能促进相互尊重、团结协作的人际关系，有助于培养学习者的团队学习、协作学习的意识。

（三）"抖音"短视频教学的趣味性

"抖音"视频在创意短视频的基础上能够吸引学生的眼球，在最短的时间内展现出最有趣的视频。趣味的教学特点从摄影、绘画、英语、语言、办公软件、科普等方面都在视频上有不同的呈现。通过短视频的形式，融合了图、文、声、视四种表现方式，让学习者结合视觉和听觉，全方位地进行学习。在一个"曹老师教你学物理"的短视频教学中，曹老师用"两情若是久长时，又岂在朝朝暮暮"来解释电磁学中的一个物理现象。在一分钟的时间里，曹老师用通俗易懂的语言完整地诠释了这个现象，在降低学生理解难度的同时，又增加了不少的趣味性。这个视频截至目前的点赞数已达 258 万之多，同时有 5.9 万人对该视频进行了评价互动，充分展示了学生喜欢追求直观、生动、形象的心理特点。像"抖音"这种情景化、可视化和趣味性强的教学短视频，不仅有利于学生个性化的学习，还能达到激发学生热情和兴趣的目的。

三、"抖音"对职业教育的启示

（一）改变传统的观念

职业教育是对受教育者实施可从事某种职业或生产劳动所需的职业知识、技能和职业道德的教育。目前的职业教育大多是老师在讲台上讲课，学生在座位上听，传授的是理论性知识。而对于需要从事某种职业或生产劳动所必需的技能，不能光靠书本上的知识，还需要大量的实践，巩固知识。但是受限于学校的资源，学生很难在日常的环境中获取大量的实践，但是可以通过观看大量的实操视频来巩固知识。目前抖音中大多教学视频是为针对从事某种职业或生存技能所设计的。比如一分钟舞蹈教学、天文科普、简短英语教学、趣味物理，这些学科领域汇聚了大量的教学视频，可供学生课后巩固知识。在学习的过程中，学生可以通过给教学视频点赞的方式来支持自己喜欢的课程，教学视频的价值是与其点赞数相关的，点赞数越高，视频质量越好。通过这样的方式可以吸引更多的学生参与进来，提高学生学习的积极主动性。

（二）制作简短的教学视频

制作简短的教学视频需要的设备比较简单、廉价，对视频的拍摄技巧以及技术要求也不用做到专业级水准，仅仅通过在优秀的、多元化的内容附上各种形式的字幕来吸引学习者。目前学校方面制作的视频普遍是有完整记录的实践课程视频，虽然有着丰富的教学资源，但是这与网络学习、在线学习中学生的需求是有区别的。一般的线上课程学习课程往往存在诸多缺点，最突出的缺点是没有传统课堂上老师对学生的监管，学生的专注力自然容易分散，容易被其他人或事打断，想要要求学生从一而终地将完整的课程视频学完是比较困难的，而且其学习困难度会随着视频时长的增加而增加，最终难以达到课程预想的教学效果。鉴于经典线上教学模式的局限性，众多碎片化视频教学平台应运而出，抖音教学经过时代的考验成了其中的佼佼者。借助"抖音"短视频短而精的思想，我们的视频教学可以将一门完整的学科或者一系列课程切割成多段短视频，每一段对应一个知识点，而多个知识点就汇聚成一张知识网或者是我们熟知的易读易懂的思维导图。这样学生不仅可以对有问题的、难于理解的知识点重点学习，还可以随时复现教学中知识点的课堂教学情境，解决学生普遍存在的课堂上记住、课后遗忘的问题。

（三）建立双向交流的教学环境

目前学校的视频课程普遍缺乏双向交流，多为一对多的传统的单向传播方式，在这种环境下，学生在学习课程时一旦有了问题，无法第一时间得到解答，这不利于学生对进度的把控，一旦有难点没有及时解决，那么后面的课程就难以跟上了。导致学生的学习效率会降低，因此我们要学习抖音的教学模式，增加互动版块，留言区或者评论区。即使不是直播课，也可以让老师快速地看到学生的问题并及时作答，解决学生的疑惑。这不仅仅是师生之间的互动，还可以作为生生之间的互动。当一个同学提出疑惑时，其他已经理解课程的同学可以帮助解答。同时遇到疑难问题，学生之间还可以进行讨论交流，在留言区，所有的观点都被记录下但不来进行批评，这能让学生敞开思想使各种设想在相互碰撞中产生创造力，进而提高脑力。

（四）创造自由的学习模式

在传统的职教课堂中，教师占据着主导地位，掌控着学生学习课程的内容、学习的方式、学习的深度、学习的时间和学习的地点。学生总是被动地接受知识，没有主动选择的权利。但是如今，这样被动的学习模式已经很难再培养出具有创造力、创新性的人才。因此，学校应该改革教学模式，让学生有更多的机会个性化地安排自己的学习进度，以便更好地学习新知识，掌握新技能。国家也在《高等职业教育创新发展行动计划（2015—2018 年）》中明确提出，要"应用信息技术改造传统教学，促进泛在、移动、个性化学习方式的形成"。"抖音"短视频教学正是当前顺应互联网教学潮流的发展趋势。它利用短视频的教学模式，将授课的地点转移到了课堂外的任何地方，只要有互联网，就能联网学习，并且设备也不局限于电脑，还可以是平板、手机等移动终端。学生通过手中一台小小的移动设备就可以打破时间空间的限制，随时随地地进行微课的自主学习。因此，职业教育应该充分利用这一兴起的教学模式，积极开发移动短视频教学，让视频教学深入到学生生活的方方面面。

"抖音"短视频教学之所以能够受欢迎，很大程度上是因为它可以培养学生的主体意识，让学生能够主动去学习。学校应及时转变传统的教育观念，真正做到以学生为本，让学生成为学习的主体。如"抖音"教学中做到的那般，根据学生的需求提供优质的视频课程，通过点赞的方式鼓励优质教学视频的开发，又通过优质的教学视频留住学生，形成良性循环。

"抖音"短视频教学的成功主要源于其独特的创新性、强大的实时而又可达的交互性以及丰富的趣味性，这三点相辅相成、缺一不可，创新让教学持续不断进步、完善、有新鲜感。强大的交互让教学老师因为拥有大量的粉丝互动，感受到满满的成就感，也许学生的赞许及成长就是老师最大的坚持和动力，学生可以任何时候、任何地方，跨越时间、跨越空间与老师、同学进行互动，提出疑问或分享收获，在这样的教学模式下，所有学生被一视同仁地对待，没有阶级、没有歧视。趣味性能让人对一种事物产生兴趣，甚至上瘾，而抖音正是因为其趣味性博得了老少男女们的青睐，倘若我们痴迷于其趣味的教学方式，同时此教学是持续的一整套系列，那我们学习起来必将事半功倍。在现今碎片化学习盛行的时代，将传统课堂与盛行的短视频教学结合起来，必能营造出更好的教学环境，给学生带来更大的益处。

第六章 教育信息化与职业教育深度融合研究

第一节 以信息化推动职业教育教学现代化

新时代云计算、大数据、移动互联网等信息技术被广泛应用于教育行业中，利用信息化推动职业教育教学现代化已成为职业学校的发展方向。目前信息化运用于职业学校教育教学中，其涉及内容主要有教学模式信息化、学习资源信息化、教学方式信息化等，详细来讲即线上线下混合教学模式，学习资源平台信息化，教学形式多媒体化、网络化等，本节将对此展开综合论述，以供参考。

信息化时代信息技术席卷教育行业，颠覆了传统面授教育模式，改变了纯粹黑板教学的方式，丰富了知识呈现、知识获取渠道，为职业教育教学注入新的生机。用信息化推动职业教育教学现代化，能有效激活职业学生的学习兴趣，突破职业学校教与学的界限，使学习无处不在，进而促进职业学生的综合能力发展。

一、信息化推动了线上线下混合式教学模式

信息化时代职业教育教学模式发生了极大改变，传统面授教学模式的缺陷日益突出，结合信息化助力"线上＋线下"混合教学模式的构建，突破了地点、空间的限制，大大方便了职业学生和教师的教与学工作。2020年因疫情突发，全球大部分学校都展开了线上直播＋录播等教学模式，在此次教学中教师和学生也探索出了线上＋线下混合式教学模式的优点。其具体的构建如下：

线上＋线下混合模式的运行以线上预习、学习、复习巩固等为主，线下以组内互相讨论、教师答疑解惑为主。在课前、课中、课后三个环节，课前为线上教学，分为微课课件、学习任务单、自主拓展学习资源、课前预习测试等，有助于职业学生自主学习能力的培育；课中为线下教学，分为组内探究＋答疑解惑＋课堂测试，有助于培养职业学生的合作、探究等能力；课后可线上＋线下，分为因材施教布置分层作业、线上学习资源获取、复习测试等，以此即可促进教育教学资源的最大化共享，推动职业教育教学的现代化进程。具体的线上线下混合式教学流程如图6-1。

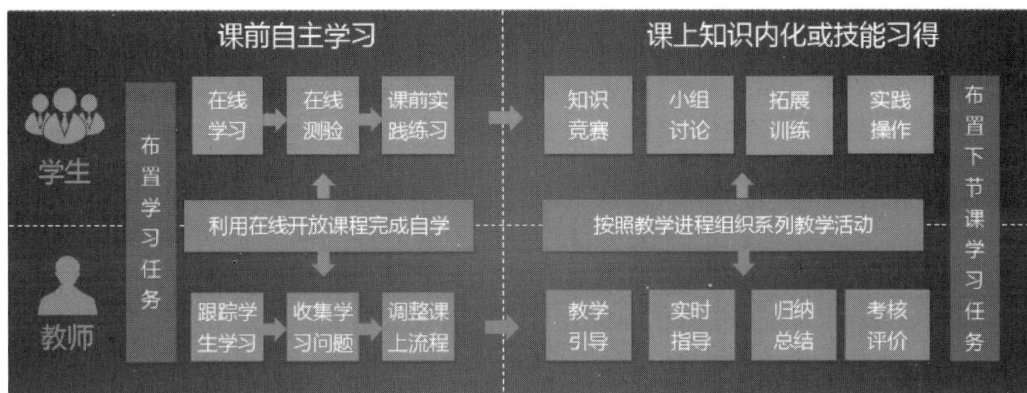

图 6-1

二、信息化丰富了职业教育知识获取渠道

信息化时代,职业教育教学中知识的获取从纸质资料转变为网络资源,丰富的网络资源拓展了职业学生的学习资源,助力他们满足个人学习需求,实现学习的个性化。

(一)教师教学知识获取

职业教师利用信息化获取教学资源时,可从两方面入手:一是教师自己动手制作教学资源,如录制教学视频,加工文字、图片、音视频等;二是借助互联网搜集、购买、加工其他优秀的教学资源。

1.素材资源

以互联网加工、搜集、购买来讲,教师可以从网络上获取丰富的教学素材资源,比如文字的引用、加工,图形、音频、视频、动画等素材资源的获取和处理等,这些资源经过教师的搜集、加工后即可供教师教学使用。

2.课程资源

信息化时代网络上的课程资源不可胜数,多为免费和收费两种。教师可直接将适合职业学生学习、探讨的课程资源分享给学生,引导学生观看、学习,此过程满足了学生的个性化需求,丰富了职业教学课堂资源。

(二)学生学习知识获取

学生学习知识的获取又可分为两种:一是学生可借助于信息化搜集互联网上浩如烟海的学习资源;二是学生可学习各大网站、平台推出的优秀课程资源。知识获取的渠道较多,学生可根据自身的实际予以搜索、分享、下载,此过程极大地满足了学生的学习需要,促进了学生的个性化学习需求。

三、信息化助力职业教育教学形式多样化

信息化时代职业教育教学的形式多样化、新奇化，最主要的还是以信息技术为首的多媒体教学法、思维导图教学法、微课慕课教学法、教学信息平台管理等，此种方法都需借助信息技术，有助于促进教学质量的提高，丰富教学课堂，提升职业学生的学习兴趣。

多媒体教学法较为常见，主要以多媒体工具为主，因其集文、图、音、影等于一体的功能而受到广大教育工作者的青睐。利用多媒体教学法能使课堂更为生动、活泼。

微课慕课教学法主要依托于"微视频""微教案""微课件""慕课平台""慕课资源"等。教师在课前制作微课视频，引导学生登录MOOC网站学习资源，能助力课堂质量的提升。

思维导图教学法多与PPT相结合，思维导图有助于激发学生思维，引导学生在头脑风暴、构建思维导图中，归纳、总结、理顺知识点，进而构建完备的知识体系。因此思维导图也多用于备课和学生复习中。

教学信息平台管理多用于课后复习巩固，即学生在平台上完成课后习题，直接生成习题报告和错题集。教学信息平台管理因其题目是打乱的且有时间限制，所以规避了学生互相抄作业的问题，提高了学生学习效率。

总之，借助信息化有助于职业教育教学形式的多样化、丰富化，能极大提升学生的学习兴趣。

综上所述，信息时代利用信息化有助于推动职业教育教学的现代化进程，在"线上＋线下"混合式教学模式、丰富的知识获取渠道、多样的教学形式中，职业教育课堂质量显著提高。利用信息化展开职业教育教学探索，有助于推动职业教育教学的发展，促进职业学生的知识获取和教学兴趣提升，助力职业学生能力素养的全面发展。

第二节　教育信息化2.0时代职业下的教育创新

《教育信息化2.0行动计划》是教育部对教育信息化工作的重要部署，对推进职业教育创新发展和实现职业教育现代化具有重要意义。本节通过论述职业教育发展教育信息化的必要性，梳理信息化1.0时代职业教育信息化存在的问题，提出职业教育应从资源共建共享、教师素养拓展、学生能力培育、管理模式跃升、教育平台建设五个方面进行改革，促使职业教育信息化从融合发展向创新发展转变。

当前，以人工智能、云计算、虚拟现实等为代表的现代信息技术重构了人类的时

空结构，变革了知识传播、存储和交互的模式，引发了新一轮产业革命，对教育的影响也日益深入。2012 年，教育部发布了《教育信息化十年发展规划（2011—2020 年）》和《教育部关于加快推进职业教育信息化发展的意见》，我国职业教育信息化从此步入了加速发展的快车道。2016 年，教育部颁布的《教育信息化"十三五"规划》，指明了今后职业教育信息化的发展方向，要求职业教育充分利用现代信息技术改造教学，重视职业教育专业资源库的建设与共享。党的十九大报告指出"中国特色社会主义进入了新时代"，提出"建设教育强国是中华民族伟大复兴的基础性工程，必须把教育事业放在优先位置，加快教育现代化，办好人民满意的教育"，并要求"办好网络教育"。这是党的全国代表大会报告首次对教育信息化做出部署与安排，教育信息化全面推动教育现代化已然成为我国教育事业改革发展的战略选择，标志着教育信息化进入了"新时代"。2018 年，教育部因势利导出台《教育信息化 2.0 行动计划》，对新时代教育信息化发展要求进行了回应，向教育界发出了在更高水平、更深层次、更宽领域、更广范围推动教育现代化的动员令。

职业教育作为我国教育体系的重要组成部分，承担着培养大量高素质劳动者和专业技能人员的重任，是我国社会发展和国民经济的重要基础。深入探讨教育信息化 2.0 时代职业教育创新发展，有助于职业教育发展理念和建设方式的跃升，有助于加速信息技术对职业教育产生系统性变革，有助于信息时代中国特色职业教育体系构建。

一、现代信息技术是职业教育创新发展的动力源泉

2014 年，习近平总书记就指出"当今世界，信息技术革命日新月异……互联网已经融入社会生活的方方面面，深刻改变了人们的生产和生活方式"，并做出了"没有信息化就没有现代化"的重要判断。信息技术是推动当今世界快速发展的重要引擎，极大地改变了人们对世界的认知，裹挟着教育技术不断向前发展，为职业教育创新发展提供了新思路，主要表现为以下几个方面：

第一，高速通信技术的发展为职业教育资源的互联互通奠定了基础。4G 通信技术在国内虽已普及，但传输速度难以胜任虚拟远程操控和超高清视频传输等应用场景，随着 5G 技术的商用，超高速低时延的无线网络将为职业教育数字资源共享和远程实验实训等应用场景创造无限可能。

第二，虚拟现实、增强现实与混合现实技术的成熟促使职业教育教学方式不断创新。传统人类的学习是基于自然空间和社会空间，互联网技术的发展催生出学习的"网络空间"，各类"现实"技术又推动"网络空间"由平面走向立体，原本自然与社会空间交互难以解决的问题借助"网络空间"或许可以得到很好解决，甚至扩展和再造了一些流程。

第三，物联网技术、可穿戴设备的普及将使职业教育迈入智联时代。职业教育过程中产生的过程性数据难以采集与整理，实验实训中的设备也未实现智能化管理，而随着物联网技术和可穿戴设备的发展，数据采集和设备管理将向着自动化、智能化、高效化发展。

第四，以深度学习为基础的人工智能技术渗透进入职业教育的方方面面。深度学习技术突破了人工智能的发展瓶颈，不断重塑着各行各业，职业教育简单的知识传授逐渐会被人工智能取代，教师将重点关注学生能力和素养的培育。

第五，大数据的成长使职业教育施行有道、施行有效。大数据结合机器视觉等技术，学生的德智体美劳和教师的教学过程将会被识别、记录和储存，通过高效的算法进行挖掘分析，为督学评价提供数据支撑，为教学与学生的评价由"结果导向"转变为"过程导向"提供了契机。

二、教育信息化 2.0 赋予职业教育全新的发展理念

全面改革开放至党的十九大开幕，我们界定为中国"教育信息化 1.0"时代。这个阶段的发展轨迹可以总结为"设施建设＋设备配套＋应用驱动"，是教育信息化发展的必由之路，和欧美发达国家教育信息化历经的发展路径也高度契合。教育部发布了启动教育信息化 2.0 的战略决策，教育信息化从 1.0 时代跨入 2.0 时代，这绝不是一个提法上的改变，而是教育信息化在发展理念和建设方式上的一次跃升。

（一）职业教育信息化 2.0 时代的发展模式

从融合发展到创新发展。在教育信息化 1.0 阶段，职业教育信息化的重点是应用驱动建设，强调把信息技术作为提高教学效率的工具来推广，要求在日常教学中能够经常性、普遍性地使用信息技术，以达到促进信息技术与职业教育的融合。融合的方式也是浅层次相加，表现为信息技术对职业教育的"单向融合"。迈入 2.0 阶段，随着信息技术和职业教育的融合不断深化，信息技术与职业教育的融合升级为"双向融合"，以"技术逻辑"对职业教育进行重构与改造，从"加上去"升级至"融进来"，在融合的基础上产生放大效应，促使职业教育由融合发展迈向创新发展。

（二）职业教育信息化 2.0 时代的发展定位

从外生变量到内生变量。在教育信息化 1.0 阶段，职业教育对信息化被动参与的多，主动拥抱的少，信息技术迟迟不能摆脱"外生变量"定位的尴尬。迈入 2.0 阶段，信息化对职业教育创新发展的重要作用获得广泛认可，信息化成为职业院校发展争相抢占的战略高地，成为师生突破自我、成就自我的新途径，并逐步转变为职业教育深层次革新的内生变量，最终对职业教育产生革命性影响。

（三）职业教育信息化 2.0 时代的发展地位

从全面推动到支撑引领。在教育信息化 1.0 阶段，信息化对职业教育现代化的作用局限于扮演"带动""全面推动"的辅助角色，主要注重配合、促进、助力职业教育现代化发展。迈入 2.0 阶段，信息化的作用不仅是职业教育发展的助推器，而且会成为职业教育融合创新发展的火车头，利用自身不断革新的驱动力，勇立潮头，勇担重任，引领职业教育现代化的发展方向，其核心地位进一步得到彰显。

三、职业教育发展教育信息化 2.0 的必要性

（一）发展教育信息化 2.0 是新时代职业教育人才培养的必由之路

人才是国家发展的核心竞争力，高素质、专业型、技能型、实践型人才的培养源自职业教育。我们所处的新时代，正是全球信息技术引领科技革命的时代，对人才的需求比以往更加迫切，对人才的培养也提出了更高要求。新时期职业教育人才培养应与信息时代同频共振，既要传授给学生必要的知识和技能，又要培养学生的认知能力、职业素养、协作精神、创新本领，使学生终身适应社会发展。在当前的职业教育体制下，要实现高标准、批量化、全方位培养学生上述能力的目标，没有现代信息技术的支撑，几乎不可能实现。同时，信息技术也是职业教育实现标准化、社会化、多样化、集约化、个性化办学的重要手段，对构建职业教育现代化人才培养体系具有关键作用。

（二）发展教育信息化 2.0 是职业教育顺应国际教育发展趋势的必然选择

以数字化、网络化、智能化为特征的新一代信息技术深刻改变了人类的思维方式和生产生活方式，给产业发展、科学进步、管理创新等多个领域带来了前所未有的机遇。信息技术与教育教学的深度融合已引起国际社会的广泛关注，信息技术不仅是知识与内容的技术教育，还是作为工具和方法的技术应用，更是改变教育理念与文化的革命性力量。世界各国政府都认识到了信息技术的先进性和重要性，一方面，对本国职业教育信息化开展了大量规划和政策保障工作；另一方面，通过 MOOC、SPOC 等实践探索教育教学的新模式。我国职业教育在教育信息化 1.0 时代的发展已经取得了举世瞩目的成就，在教育信息化 2.0 发展的国际竞赛中也要力争抢占先机，起到带头引领作用，为国际教育信息化发展贡献中国智慧和中国方案。

（三）发展教育信息化 2.0 是职业教育助力全面小康社会目标实现的内在要求

"全面建成小康社会，一个都不能少"，这是党对百姓的庄严承诺，为了兑现承诺，职业教育正在积极行动。但是，贫困地区群众基本为"数字移民"，三层"数字鸿沟"（设备鸿沟或接入鸿沟、技能鸿沟或应用鸿沟、观念鸿沟或思维鸿沟）的客观存在与演化，

严重阻碍了贫困人口共享"数字红利",而且在一定范围内加剧了贫富差距拉大。现代信息技术发展不平衡、不充分的问题凸显在"三区三州"深度贫困地区,也同样存在于广大城市与乡村之间,成为"乡村振兴"战略的一块短板。教育信息化在职业教育扶贫和乡村振兴中有着对象识别、资源配置、课程共建共享、监察管理、教师能力提升、学生素养培育、追踪评估七个方面的"精准"优势,是促进教育公平、全面落实职业教育精准扶贫和乡村振兴战略的有力杠杆。随着"智能时代"离我们越来越近,贫困和乡村人口是否能迅速跨越"数字鸿沟"乃至"智能鸿沟",成为合格的"数字公民",需要职业教育的参与和教育信息化的精准发力。

(四)社会治理的破题需求

我们已从单位人向社会人转变,职业多样化、思想多元化、人口老龄化、城市人口超载、社会问题频发、社会矛盾积聚等问题的出现,给社会治理、社区治理带来了新的挑战。为什么社区资金投入越来越多,但是群众的获得感却没有越来越高?为什么社区事务管得越来越细,群众的幸福感却没有越来越高?为什么社区环境变得越来越好,群众的满意感却没有越来越高?为什么社区监控铺得越来越密,群众的安全感却没有越来越高?这都需要探索新的治理模式。

四、教育信息化2.0时代职业教育信息化创新发展路径

(一)树立教育大资源观,促使职业教育资源由专用资源向通用资源过渡

教育资源是教学内容的载体,是衡量教育发展水平的重要依据,是构建新型教育体系的基石。工业时代,自动化印刷技术迅猛发展,极大地推动了以教科书为代表的教育资源快速普及,筑就了现代教育文明。迈入信息时代,教育资源呈现数字化、网络化、形象化等特征,推开了教育变革的大门。在教育信息化1.0阶段,职业教育数字资源的开发都是基于教材与课本的知识体系,表现为依附于教材的教学课件或者动画视频,是教材的扩展与延伸,称之为"立体化教材",具有明显的专用属性。同时,部分职业院校为完成教育信息化1.0的相关指标,把整个教学过程在线化,把书本知识网络化,客观上促进了教师信息技术的应用和数字资源的普及,但是课本搬家、课堂搬家的问题也越发突出,最终这类低端数字资源与师生需求脱节,加之对资源的服务也未跟上,1.0时代的数字资源难免被贴上"机灌""电灌"和"被动信息化"的标签。

《教育信息化2.0行动计划》指出,实施教育大资源共享计划,实现从"专用资源服务"向"大资源服务"的转变。进入信息化2.0时代,第一,职业教育应转变自身数字资源建设观,关注重点向"互联网新型通用数字资源"转移,逐步减少一般性资源和教学应用型资源的供给,增加优质特色资源、个性化学习资源和小组探究型资源的开发。第二,职业教育资源组织形式将发生改变,积极探索建设跨学科、自组织的

数字资源，让资源逐渐摆脱对教材的依赖，促使新型数字资源真正成为学生全面发展的纽带。第三，职业教育资源供给形态应不断创新。随着教育信息化的深入，数字资源不再局限于视频图像等交互能力弱的静态资源，而是借助 AR/VR 等具有智能交互功能的三维动态资源；同时，以人工智能赋能的学习小程序、问题小助手、智能小学伴等应用也将层出不穷。第四，职业教育资源应向多主体供给发展。多主体供给最大的优点是引入了竞争机制，倒逼学校、政府、办学机构、企业之间你追我赶，不断激发供给活力，优化资源配置，提高资源质量。第五，职业教育应重视资源服务建设，摒弃"重建设、轻服务"和"一建了之、一评了之"的观念，提高供给主体资源的服务意识，利用大数据记录挖掘资源使用中的问题，分析用户的新需求，加强"资源使用后"的配套服务，促使资源持续更新和完善。

（二）关注数字胜任力，促使职业教育教师由应用技能向信息素养拓展

时代在进步，社会在发展，劳动者与之匹配的关键能力和必备知识也是动态变化的，"数字胜任力"和"媒介与信息素养"就是信息时代劳动者必须具备的关键能力。2006 年，欧盟首先提出了"数字胜任力"的概念，其指的是"在生活、工作、交往中自信和批判地使用信息技术的能力"，并把"数字胜任力"确定为劳动者适应社会发展的八项核心素养之一。2013 年，联合国教科文组织提出了"媒介与信息素养"的概念，将其定义为"公民以批判、道德与有效的方式，运用多样化工具去存取、检索、理解、评价、使用乃至创造、分享各种形式的信息与媒介内容的能力"，目的是将信息素养与媒介素养融合内化为人类在 21 世纪工作、生活所必备的知识、技能及态度。在教育信息化 1.0 阶段，职业教育强调将现代信息技术引入教育的各个环节，改变信息时代教师的教学观念和教学模式，关注教师对技能的学习和技术的运用，重点培养教师应用信息技术的能力和熟练掌握信息化教学的方法。虽然一线教师基本具备信息与技术的应用能力，但都是一些工具性的初级应用，信息化教学融合创新能力还略显不足。

传统教学时代，教师通过口传心授、肢体语言、教具板书等扮演的是一出"舞台剧"。在教育信息化 2.0 阶段，教师既是导演又是演员，教学更像"好莱坞大片"，融入了声光电、三维漫游、游戏闯关、互动直播等技术，知识呈现的方式丰富多彩，教学过程生动有趣，原本枯燥乏味、难以理解的知识变得具体直观、活泼形象。从历史经验来看，教育者（包括教师和管理人员）信息化是教育信息化的基础。教育信息化 2.0 启动了"人工智能 + 教师队伍建设行动"，职业教育教师队伍建设应坚持以下几个方向：第一，将"数字胜任力"和"媒介与信息素养"纳入职业院校教师培训体系，要求教师尽快从信息技术应用能力向信息素养培育提升，掌握必要的计算思维和数据分析技术，把信息技术融合于教学，积极创新教学模式与方法。第二，教师应积极转变自己的角色，不能再满足于做知识的传授者，而要积极成为学习的组织者和引导者。信息时代赋予

教师腾云驾雾术、分身术、透视术、替身术等数字化本领，拥有这些技能，教师将再也不必局限于讲台的方寸之间，应努力成为创新活动的指导者、设计者和协同者。第三，加强职业教育在线开放课程建设，加速相关政策的制定，承认在线开放课程在职教课程体系的合理地位，积极开展在线开放课程的认证，加快职业院校间在线开放课程的资源共享和学分互认，让大部分教师从知识灌输中解放出来，鼓励教师成为学习型、专家型、引领型、创新型的"新四型"教师。第四，重视信息化专业队伍建设。职业院校信息化专业队伍是教育信息化 2.0 建设的骨干力量，是职业院校信息化改革的排头兵，其对信息化的理解对职业院校信息化 2.0 建设有着重要影响。学校应加强对信息化专业队伍的培训，引导他们把最前沿的技术引入教学与课程中，鼓励他们与教师合作共同参与专业改革和课程建设。

（三）瞄准终身学习力，促使职业教育教学由知识传授向能力培养跨越

人工智能的发展，加速了信息时代知识更新换代的速度，学生在学校中获得知识的"半衰期"也显著缩短，甚至部分习得的知识在走出校园的那一刻已经跟不上时代发展了，这预示着"终身学习"已从人们的价值追求变成现实选择。同时，"互联网＋人工智能＋自动化＋机器人"等新技术抱团发展，大量中低端就业机会将被"新型自动化"所取代，雇主对"零工经济"和"云劳动"认可度不断增加，这势必又将"危及"大量职业。面对这样的发展趋势，职业教育不仅要让学生获得必要的知识与技能，更要培养学生的素养与能力，从而不被智能时代所淘汰。在教育信息化 1.0 阶段，信息化教学已经基本实现常态化，教学形式也趋于多元化，教学活动也走向联通化，职业教育依托信息技术快速发展，为社会输送了大量人才，为我国经济发展做出了巨大贡献。但是，在信息化教学应用方面，大多数职业院校满足于知识的快速呈现与获得，层次粗浅，对个性化学习、差异化学习、学习过程的监控与调适、优质资源的实时推送等还缺乏有效支持。

教育的主体是学生，教育的目的是学生的发展，没有教学模式和学习方式的革新，新型职业教育体系的构建只能是一纸空谈。因此，教育信息化进入 2.0 阶段，亟须研究与改变职业教育教学模式与学习方式。第一，更新职业教育人才培养的理念与方式。借助视频追踪、3D 打印、遥感传感、大数据分析等技术，重点培养学生的计算与程序思维、批判与创造思维、互联网与融通思维、分析交互能力、元认知能力和信息社会责任。第二，帮助职业教育学生提升主辅式认知能力。不仅要促进学生自身基于个体认知水平的发展，而且要帮助学生学会利用互联网和人工智能等技术帮助自己获取、感知、存储、判断、决策，促使学生认知能力有质的飞跃。第三，实现职业教育实验和实践方式多元化。一方面，让学生充分体验真实世界中的实践；另一方面，借助虚拟现实、增强现实、3D 漫游、虚拟仿真开展更为生动有趣、互动高效、游戏式、沉浸

式的实践训练。第四，推进职业教育网络学习空间全面覆盖，促进个性化、智能化、终身化学习。网络空间是学习和获取知识的新型载体，学习者可以自主选择学习资源，摆脱时空的束缚，通过数据伴随式收集和大数据分析，记录和发现在线学习过程中的规律。利用人工智能技术，推送更为适切学习者的资源，促使职业教育由标准化供给向个性化服务转变，为学生终生学习能力培养打下良好基础。

（四）聚焦治理水平，促使职业教育由经验管理向精准管理跃升

改革开放以来，我国职业教育积极向西方发达国家学习，在社会效能运动的驱使下，形成了一套独特的科层式管理体制，这对促进教育系统的标准化、流水化、高效率、稳定性做出了巨大贡献，但是，这些固化的体系也限制了职业教育的活力与创新。在教育信息化 1.0 阶段，我国职业教育现代管理体系获得了长足发展，初步建成了教育基础数据库，基本实现了全国教育数据的联通，教育管理水平和服务效能显著提高。但是，职业教育管理也存在诸多不足。第一，管理应用大多是浅层次的基本信息管理，大数据很少被应用于教学管理的过程调控和监督评价，缺乏基于工作过程、交流反馈、决策支持、预警预报的综合支撑系统。第二，在现实教育管理实践中，很多核心决策不是基于科学与技术，还主要依赖经验和艺术。基于经验的教学管理方式相对粗放，对于获取信息评判的标准不一，数据具有片面性，智慧化程度不高，不利于管理者精准决策。第三，多元参与的监督体制并未完全实现，监督缺失、监督不到位、难以监督的问题也严重影响着职业教育的管理效能。

党的十九大为中国教育定的"最高目标"是"人民满意"。中国举办着全球规模最大和范围最广的职业教育，而且职业教育东西部、城乡间差异巨大，一个完善的治理体系是职业教育系统高效运行的关键。教育信息化进入 2.0 阶段，第一，职业教育必须充分利用大数据技术完善职业教育管理信息化的顶层设计。让教育的宏观决策和监督评价都建立在数据基础之上，实现决策更加科学合理、实施更加精准有效，以保障教育管理信息化各个子系统高效运行，促进教育管理更具先进性与可行性。第二，探索职业教育"三通两平台"的智慧化升级和创新应用。合理利用人工智能技术和智能穿戴设备，实现各类教育基础数据的"伴随式收集"，充分发挥数据存储、挖掘、分析等技术的潜能，促进数据在各管理系统中不断"流动"。以教育数据流优化教育工作流，推进职教管理工作的扁平化，提高管理效率和变革管理模式，形成职教管理系统的生态闭环，厘清教育各部门和各环节的权责利，促使政府机构和教育部门的管办评分离，彻底让职业教育管理从经验粗放走向科学精准。第三，利用信息化加速职业教育信息公开共享。利用 HTML5 等先进技术将信息更加直观、及时地呈现给教师、学生和社会大众，让不同主体都能通过智能设备方便快捷地获取教育信息，充分参与行政项目设置、审批流程制定、教学教改实施等事项的大规模意见交互，为构建多方参与、广

泛协同的职教治理新机制奠定基础。

（五）打通数据壁垒，促使职业教育由分散小平台向"互联网＋教育"大平台转变

教育信息化建设与应用的过程中必然会产生大量数据，数据的形成、采集、分析、清洗、加工、处理、传输、储存、呈现都离不开教育平台，教学管理、教学应用、教学资源也都依托教育平台，教育信息化平台是教育信息化的基础。在教育信息化1.0阶段，我国职业教育"三通两平台"建设获得了突破性进展，已建成省级平台20多个、地市级平台200多个，基本实现了区域内教育数据联通，教育信息化应用的基础条件基本建成。但是我们也应当清醒地认识到，职业教育各类平台在1.0时代可以称为"百花齐放"，同时也伴随着"野蛮生长"。第一，由于缺乏统一标准，目前职业教育各类网络平台众多，为建而建、多头建设、重复建设、低端建设的现象还很普遍；同时，平台因相互之间的"信息壁垒"而成为"信息孤岛"，出现了平台林立却互不相认的窘境，大大削弱了平台建设合力与整合的优势。第二，虽然职业院校搭建了教育资源公共服务平台，并由教育信息化部门推动教育应用平台的使用，但是建立的平台并不符合师生的需求，很多教师只能将知识简单地"复制粘贴"至平台，教学中很少使用平台辅助教学，甚至完全脱离平台教学，使平台成为新型"填鸭式"的教学工具。

《教育信息化2.0行动计划》明确提出到2022年基本实现"三全两高一大"的建设目标，其中"一大"是"三全两高"的基础，即建成互联互通的"互联网＋教育"大平台。2.0时期职业教育"互联网＋教育"大平台建设，应注意以下几个方面：第一，改变职业教育信息化工作的思路与方法，明确定位信息化要解决的具体问题，然后根据实际问题研究解决方案。职业院校应杜绝单纯用技术导向指导平台建设，即什么技术先进建什么，平台建成后看似很完整，但是建设目的不清晰，应用推动迟缓，最终平台成为先进技术的"贴牌"。第二，重视职业教育平台各端口的互联互通和平台间的开环对接。2017年，教育部颁布了《教育部关于数字教育资源公共服务体系建设与应用的指导意见》，职业院校对平台建设与完善应及时与该标准同步，引入"云端部署、应用多元"的先进建设理念与技术，推进各系统、各平台、各应用之间的整合，真正做到同在蓝天共享优质资源，实现大山大河挡不住知识。第三，充分发挥教育平台的作用。利用"互联网＋"、大数据、区块链等技术，推动教育信息通畅发布，挖掘师生的潜在需求与偏好，实现教育资源的精准配置，保证数据的安全可靠，促进学习者进行个性化学习，真正利用教育平台构建起"人人皆学，处处能学，时时可学"的学习型社会。

教育信息化是国家现代化建设的重要组成部分，具有战略性、全局性、基础性的地位。这些年来，凡是引起教育教学领域前所未有变革和创新的，基本都源自于教育

信息化。教育信息化 1.0 时代，职业教育利用现代信息技术演绎了一出"弯道超车"精彩序曲，步入 2.0 时代，教育信息化"武器库"中的武器将空前丰富。职业教育应构建"互联网＋教育"的大平台，探索信息时代教育治理新模式，让信息革命成为教育革命的"奇点"，为实现"中国教育现代化 2035"的宏伟目标写好职业教育信息化的"奋进之笔"。

第三节　信息技术与职业教育教学深度融合

职业教育信息化是构建现代职业教育体系的重要助手，也是信息技术与职业教育教学不断融合发展的过程。通过分析国内教育信息化理论研究成果和教育信息化建设实践案例，指出职业了院校信息化深度推进中存在的问题，探讨了信息技术与职业教育教学深度融合的发展策略，即转变观念，突出战略，以需求为导向，完善基础设施建设；以应用为驱动，优化流程，重组结构。最终推动信息技术在教育教学中的深度应用，进一步创新和优化体制机制，实现可持续发展。

当前，大数据、人工智能、区块链等新技术为社会发展带来了新革命和新动力，加速了经济社会各行业信息化的进程，随着社会整体信息化程度不断加深，信息技术对教育的革命性影响日趋明显。职业院校利用人才聚集地的优势，充分利用新技术与教育教学深度融合，提高教育信息化水平，创新教育教学模式，提高教学质量，再造管理流程，提升校园文化生活品质，为职业院校现代职业教育体系的建设提供支撑和保障。职业教育信息化是促进职业教育变革、实现跨越式发展的重要途径，也是加快发展现代职业教育、提高人才培养质量的关键所在。

一、职业院校信息化深度推进中存在的问题

近年来，国内职业院校不同程度地重点推进教育信息化建设。《国家中长期教育改革和发展规划纲要（2010—2020 年）》《教育部关于进一步推进职业教育信息化发展的指导意见》和《辽宁省现代职业教育体系建设规划（2015—2020 年）》等文件的出台，促使职业教育信息化建设取得多方面的成绩。但是经过多年的建设，信息技术并没有从根本上改变职业院校的教育管理、教学模式、教学方法、学习方式等，没有突显信息技术对职业院校教育教学的革命性力量，主要问题表现在以下几个方面。

（一）理念落后，信息化观念淡薄

除少数院校外，大多数院校的教育管理者和教师对信息化认识不足，理念落后，信息化意识淡薄，习惯传统的工作方式。究其原因：一是信息化投资大、见效慢；二

是内部机构复杂，很难统一思想；三是缺少"壮士断腕"的改革勇气。

（二）组织机构缺失，经费投入不足

信息化建设是"一盘棋"，需要宏观管理、顶层设计和逐步推进，与现有的"副职负责制"之间存在很大矛盾。信息化建设需要学校各职能部门相互协调、相互配合，但实践中懂业务的不懂技术，懂技术的无法插手业务。在信息技术日新月异的今天，数码设备升级换代快，各类软件和APP铺天盖地，互联网的内容以从文字为主到以视频为王，对校园网的要求和冲击都是巨大的。然而，多数院校信息化经费投入不足，致使落后的设施更新慢，新技术、新产品无法引用，教师技能培训等得不到保障。

（三）软硬件设施不完善，体系不健全

职业院校数字校园是围绕学校的数字化教学、数字化管理、数字化科研、数字化生活和服务来建设的，涵盖了学校的各个领域。在数字化教学方面，适用于普通高等学校的教务管理、实验室管理的成熟市场产品很多，但是适用于职业院校的教务管理、实训管理、定岗实习管理的产品就少，导致信息化在教学方面无法全方位覆盖。尤其职业院校校企合作方面的业务更是缺少信息化的支撑，以至于学校信息化体系不健全。

（四）信息化队伍建设缺失，没有梯队

信息化队伍是信息化建设的核心，但是长期以来信息化部门存在缺人员、缺编制、缺机构的难题，体现在人员配备不足，机构设置、专业技术人才、高层次研究人员不到位等各类情况，信息化队伍没形成梯队，严重地制约了信息化的可持续发展。

二、信息技术对职业教育学校发挥的作用

（一）促进学生学习的积极性

职业学校的学生主要以学习专业技术为主，由于所处的环境特殊，在学习方面对自身的要求比较少，要求不严格，有部分学生对学习不感兴趣，对课堂不感兴趣，为了能够帮助学生提起对自身学业的重视程度，职业学校应该实行现代化信息教学。通过信息技术进行教学，能够有效地激发学生的学习兴趣，促进学生的学习积极性，培养学生对学习的热情。先进的信息化教学会为学生带来不同的视觉感受，从而改变学生的学习态度，以及改变学生对课堂的态度，帮助学生有效地学习。

（二）开阔学生的眼界

职业学校采用现代化信息教育的方式教学，能够帮助学生开阔眼界，拓展学生的视野。在教学上，教师在教学过程中融入先进的信息技术，可以帮助学生提高学习效率，学生对先进的教学设备充满了好奇，便会提高对学习的兴趣，在课堂上会集中注意力听讲，这样也大大提高了学习的质量。尤其是对于一些经济基础比较薄弱的职业学校

来讲，先进的教学设备非常珍贵，也非常新奇，因此，利用先进的教学设备进行教学，可以帮助学生开阔眼界，让学生对现代化信息技术有一个明确的概念，增加学生的信息知识。

（三）提高教学质量

职业学校的教学水平普遍都存在不同程度的问题，解决不及时将会影响学校的教学质量，从而影响学生的学业和发展。通过引进先进的信息化技术教学，比如教师用多媒体设备进行教学，会让学生看得更直观，看得更明白，学生对知识点的理解会更透彻，多媒体教学还能帮助学生加强对知识点的记忆，能够有效地帮助教师减小教学难度，提高学生的学习成效，从而也提高教师的教学质量，帮助教师达到完美的教学效果。

（四）提高学校的整体教学水平

职业学校融入信息技术教学的作用除了促进学生的学习积极性、开阔学生眼界和提高教学质量以外，还有改变学校教学质量的作用。职业学校在教学上引进先进的信息化技术教学，一方面可以帮助学生大大提高学习效率，另一方面还能够提高学校的整体教学水平。利用信息化技术教学，意味着职业学校在同行中，面对教研项目或者是教学竞争活动的时候，能够大力参与，并且先进的信息化教学模式，在教师进行课题研究、项目探讨方面提供了有利的外部条件，能够很好地帮助学校完成活动任务，取得荣誉，为职业学校的发展奠定坚实的基础，也为职业学校的教育提供了发展空间，促使职业学校能够更快更好、更全面地发展。

三、信息技术与职业教育教学深度融合的策略

（一）转变观念，突出战略，突破瓶颈，优化机制

1.转变观念，突出战略定位

首先，进一步提高学校教育信息化工作的战略地位，让信息化工作处于优先发展的位置，体现信息化建设与职业教育体系现代化建设的历史同步性和本质一致性。其次，强调在职业教育体系现代化、教育信息化过程中"两化"的"深度融合"，用教育信息化全面推动职业教育体系现代化。

2.突破瓶颈，优化体制机制

信息化建设的全局性和综合性与职业院校行政管理体制中的"副职分管制"之间存在较大矛盾，"一把手"推动信息化工作已不能适应"互联网＋"的大背景。通过成立网络安全与信息化建设领导小组，实现学校信息化发展规划和重大事项的集体决策，在小组成员中设立首席信息官（CIO），负责将学校的事业发展战略和信息化战略相结

合，综合协调跨业务领域、跨部门的信息化建设。组建支撑和服务团队，形成管理部门强力推、教学部门主动用、技术部门支撑服务的协同机制。

3.开放合作，协同创新

信息化的建设和运维需要大量的资金，每年都要有充足的预算投入运维工作。仅靠学校自筹资金是远远不足的。通过积极争取上级财政投入，以"互联网＋"的思维吸引市场投入，构建"政企行校"共同体，形成推进信息化建设的强大合力。

（二）需求为导向，应用为驱动

1.需求为导向，完善基础设施建设

以需求为导向，以应用为驱动，就是在信息化建设的过程中，围绕学校教育改革、内涵式发展过程中各项事业，以师生的实际需求为导向，以《职业院校数字校园建设规范》为标准，依据"政府引导、标准引领、项目示范、分步实施"的原则推进数字校园建设。以先进、安全的数据中心机房、有线网络和无线网络构建信息化基础环境；以统一身份认证平台、统一门户平台、统一数据交换与公共数据库平台、大数据平台为基础，打通人事、教务、财务、学工等业务系统的数据通道，构建高效、便捷、交互的数字管理空间。以网络综合教学平台、顶岗实习管理系统、实验实训管理系统等为基础，构建高交互、沉浸式、碎片化的教与学空间。以中国知网、万方数据库、超星图书馆、科研协作平台等为基础，构建汇聚、共享的数字科研空间。以数字广播、数字安防、智能水控、智能电控、自助洗衣、自助洗浴、自助消费等功能系统为基础，构建数字生活空间。在教学、科研、管理、公共服务、校园文化生活、社会服务和决策支持等方面提供有效的数字化服务。

2.应用为驱动，优化流程，重组结构

以应用为驱动，就是在信息化建设的过程中，以各项业务的规范化、流程化、标准化为目标，改造和升级传统的教育管理业务流程，提高工作效率，降低办学成本，消除和改善信息孤岛问题，全面优化职业院校政务管理、教学管理和后勤服务的体系。以信息化为抓手变革传统的管理模式，优化和重组管理结构，消除组织臃肿、层级复杂、反应迟缓的弊病。

（三）推动教育教学的深度应用

信息技术与职业教育教学深度的融合，必然构造出新的教学环境和新的教学关系，核心是转变人才培养观念，创新教育教学方法，探索多种培养方式，使职业教育更加体现以人为本。

1.融合信息技术改变传统教学

鼓励教师积极利用计算机教学辅助系统、直播和录播系统、虚拟仿真系统、VR/AR课件等授课，激发学生的学习兴趣，发挥认知主体的作用，为以教师为主导的差异化教学和以学生为中心的个性化学习提供有力支撑。

2.营造"时时能学、处处可学、人人皆学"的全新学习环境

一是依托网络教学平台和移动终端,开展移动教学和互动讨论等应用,实现教与学线上线下一体化,充分发挥学生学习的自主性和对知识的探索欲望;二是鼓励教师开展微课、慕课及翻转课堂的教学形式,转变教师角色,使其由讲解者、传授者变为帮助者和指导者。

3.开拓虚拟仿真实训,将教学环境拓展到虚拟工厂和企业现场

一是利用信息技术建立的虚拟生产环境,在学习的过程中认识和操作虚拟设备,构建新的"工学结合"环境;二是将生产现场的实时视频引入教室,构造真实生产场景的学习情境;三是数字体验、虚拟展示、多屏融合、三维动画等构建理论与实践一体化的教学环境,开展数字体验、自主探究和合作学习。

（四）创新机制，持续发展

1.建立市场化的运行机制

充分发挥市场作用,引入社会资本和技术力量,降低职业院校信息化建设成本,探索政府规划引导、企业建设运营、学校购买服务的建设途径,实现从"建设者"向"应用者"转型。

2.建立需求导向、应用驱动的建设机制

一是结合《职业院校数字校园建设规范》构建信息化应用水平评价体系,制定应用系统和资源的技术规范、操作指南和应用效果评价等;二是构建软硬件及教学资源"即建即用、共建共享"的机制,以需求调研为基础,以应用为驱动力,以应用水平为考核目标,边建设边应用,边应用边升级;三是扩大信息化应用范围,共享信息化成果,减少信息化的重复建设和投资,实现部门与部门共享、学校与学校共享,以及区域间共享。

3.建立高效有序的保障机制

建立和完善相关保障机制,保障信息化建设和应用高效有序地推进。一是健全职业院校信息化工作机构,成立网络安全与信息化领导小组,由学院党委书记和院长担任组长,统筹全校信息化工作;二是设立信息化专项经费,并积极鼓励和吸引社会资本,形成多渠道经费筹措体系;三是推行CIO(首席信息官)制度,持续推进信息技术与职业教育教学深度融合,提高职业院校的核心竞争力。

职业技术教育信息化是一个动态过程,是对传统教育进行价值重建、结构重组、流程再造、文化重构的重要载体,也是构建现代职业教育体系的重要基础,更是信息技术与职业教育教学不断融合发展的过程。职业教育信息化只有适应当今教育改革和信息技术创新应用趋势,才能如期实现职业教育现代化,为国家经济社会发展提供有力技术技能人才支撑。

第四节　基于信息化环境的职业教育教学模式的构建策略

坚持信息技术与职业教育教学的深度融合，是教育部加快推进职业教育信息化健康发展的最新要求。本节深入分析基于信息化环境的职业教育教学模式的特征，深刻剖析现实存在的突出问题和内在原因，积极探讨信息化新背景下构建职业教育教学模式的策略，旨在为职业教育信息化的跨越发展和职业教育现代化目标的实现提供内涵式支撑。

坚持以信息技术与职业教育教学的深度融合为着力点，全面提高信息技术在职业教育领域的应用水平，支撑职业教育改革创新、强化内涵和提高质量，是教育部加快推进职业教育信息化健康发展的最新要求，也为推进今后一个时期内职业教育信息化教学改革指明了方向。在信息技术飞速发展的今天，如何构建基于信息化环境的职业教育新型教学模式，从而提高教育教学质量，这既是职教工作者面临的时代课题，也是职业教育领域加快实现现代化的必由之路。

一、信息化环境下职业教育教学模式的特征

教学模式是指在一定的教学思想或教学理论的指导下，建立起来的较为稳定的教学活动结构框架和活动程序。一般而言，教学模式应该包括理论依据、教学目标、操作程序、实现条件和教学评价五个方面。相对于教学理论和实践，教学模式理应是教学理论的具体化，却又是教学实践的系统化概括，具有多样性、指向性、稳定性和操作性等特点。信息技术的快速发展和广泛应用，为教学模式的创新提供了可能，尤其是信息技术带来的丰富的资源、可支持的工具、便捷的交流以及能够实现合作的平台等。鉴于教学模式的内涵和信息技术的优势，可将基于信息化环境的职业教育教学模式界定为将信息技术、信息资源与传统教学模式有效融合而建构的新型教学模式，它是对传统教学模式的继承和创新。信息化环境下职业教育教学模式具有以下特征。

（一）教学时空开放自主化

互联网和信息技术的充分应用，网络信息资源的新生、积累和开放，使得海量的优秀教学资源能够借助信息技术平台实现共享，广大师生持续获得信息的能力、途径和机会极大增加，有效拓展了传统的教学时空，使得教学过程突破了传统的学校学习空间和课内学习时段，师生可以借助新的教学环境，突破传统课堂教学的约束，在不同的时间和地点开展自主学习。

（二）教学手段多元协同化

随着信息技术的发展，教学手段已经从传统的口头语言、教材书籍和电子视听设备发展到多种媒体协同应用阶段。尤其是在信息化环境下，教师可利用现代教学手段实现视频、动画、声音、文字等多种媒体资源之间的衔接，使学生获得在传统教学环境和条件下难以获得的直接经验及间接体验，并可将理论教学、虚拟学习和实践训练有机地融合在一起。协同化的教学手段与灵活的教学方法相结合，有利于吸引学生的注意力、激发学生的学习兴趣、调动学生学习的积极性，从而进一步提升课堂教学质量，增强学校教育的效果。

（三）教学资源丰富共享化

现代信息技术手段为课堂教学所提供的教学环境，使得课堂信息的来源变得丰富多彩，教师和教材不再是单一的信息源，网络的充分介入不仅能够扩大知识信息的量，还可以通过多种资源形式的呈现，有效触动学生的多种感官，从而为学生的学习提供一个立体化的学习情境。多种教学资源形式的快速应用，使得教学资源日益丰富化。同时，教学资源服务平台的构建，还将有利于实现优质教学资源的共建共享，有利于促进城乡职业教育的均衡发展。

（四）师生关系互动协作化

教学活动是师生共同参与的双边活动。在信息化环境下，教师和学生的地位发生了较大变化。教师在教学过程中不再是知识的传递者，而是教学活动的设计者、学生学习过程的调控者；学生成为多种信息资源的占有者、享受者。在这种情境下，教师不再替代学生对各种信息进行选择与分析，需要依靠学生发挥自身的主体性，对信息进行选择与分析，学生的主体地位更加突显。同时，信息化环境为教师和学生之间的相互交流提供了便利条件，拓宽了沟通渠道，师生之间比较容易形成双向互动，师生之间的障碍容易消除，达成共识的机会也日益增多。因此，信息化环境下的职业学校师生之间的关系将逐步成为合作、协作的关系，那种由教师单一主导的教学模式将失去存在的环境和土壤。

二、职业学校教学模式的现状及问题分析

随着信息技术的飞速发展，职业教育信息化建设取得了明显成效。校园网、多媒体教室等基础设施不断完善，数字化教学资源日益丰富，教师的信息技术应用意识和能力不断增强，虚拟实训环境的构建降低了育人成本、提升了技能水平，教学与管理的信息化应用领域也逐步拓展。许多学校正在尝试利用现代化教学设施，改进教学模式和教学方法，以培养高素质劳动者和技术技能型人才。但是，在当下的职业教育教

学领域，还存在着与信息化环境不相适应的教学模式，以教师为中心、忽视学生个性的传统教学模式仍大有市场，这在一定程度上制约着教育教学质量的提高。

（一）"黑板 + 粉笔 + 书本型"教学模式

目前，在职业学校仍有部分教师采用传统的"黑板 + 粉笔 + 书本"的教学模式。课堂教学以教师为中心，由教师通过讲授、板书，把教学内容传递灌输给学生。教师是整个教学过程的主宰者，学生处于被动接受的地位，教材是灌输的主要内容载体。这种教学模式使有一定潜力的学生在统一模式下被压制，不利于学生动手能力和创造能力的培养。这种教学模式在条件不太好的农村职业学校应用较多。

（二）"信息技术 + 传统教学型"教学模式

在教学过程中，仅仅将信息技术手段与传统教学模式简单相加，没有从根本上改变讲授与学习的方式；仅仅利用课件和白板代替传统的教材、粉笔和黑板，信息技术和资源的运用变成了扩充教学内容的工具；仅仅重视教学内容的传递及信息技术工具的使用，轻视学生学习环境的设计，把信息技术的浅层应用当作教学模式的创新。

（三）"播放课件型"教学模式

部分教师认为，信息化教学就是将大量的多媒体素材如图片、视频、动画等，制作成一个多媒体课件进行教学，而采用能够实现学生自主和交互式操作的课件与互联网技术的课程则很少。因此，在教学过程中，老师将事先制作的课件在课堂上播放，学生被动观看和接受教师讲授的内容，失去了思维和想象的空间，学生的主体作用得不到有效发挥，学生的学习情况难以及时汇总反馈，学生在学习活动中获取有效学习信息的来源受到诸多限制。"播放课件型"教学模式由于缺乏"交流模块"的细化设计，致使教师与学生、学生与学生之间的交互方式、交互内容设置单一，无法适应学习者的个性化学习、团队的协作式学习和师生的双向需求。

（四）"技术和资源堆积型"教学模式

在教学过程中，教师过多地关注技术的应用，追求教学资源的多样化，把信息化教学的重点聚焦在技术手段的实现和资源的呈现上，忽略了技术、资源与教学内容、教学策略和教学方法的有效融合。在教学中采用技术复杂的软件以体现教学的先进性；采用与教学无关的资源如图片、动画和声音等，以体现资源应用的多元化。这种"花样"繁多的信息技术，华而不实的教学资源，必将导致信息技术与教学过程相脱离，致使学生注意力分散、课堂重点不突出，达不到良好的教学效果。

上述问题的存在，不仅与信息化时代对职业教育的要求相背离，与培养高素质劳动者和技术技能型人才的培养目标也是相悖的。深刻剖析其原因，既有领导重视不够、经费投入不足、条件难以保障等方面的制约，也有认识不到位、理念更新慢、融合创新不够等方面的影响。因此，打破职业教育现行的教学模式，把学习的主动权交还给学生，构建信息化环境下的新型教学模式，已经成为职业教育教学改革的核心价值取向。

三、基于信息化环境的职业教育教学模式的构建策略

（一）以现代教育教学理论为基础，引导职业教育教学模式创新

任何教学模式都要有一定的教育教学理论基础，信息化环境下的教学模式的构建必须有一定的教育理论来支撑。人本主义学习理论认为，每一个人都具有发展自己潜力的能力和动力，教育的目标是培养学生学会学习，从而达到自我实现；学生在教育过程中是主体，教师是学生学习的促进者。建构主义学习理论认为，学习是一个积极的建构过程，是由学生自己建构知识的过程，学生是学习的主体，是知识的主动建构者。两种理论的共同之处在于对学习机制的重新认识，认为学习是学习者主动建构的过程，而不是教师简单地把知识传递给学生。人本主义学习理论和建构主义学习理论对职业教育教学模式的改革创新具有重要的启迪。

（二）以学生为中心，优化信息化教学模式设计

基于信息化环境的职业教育人才培养模式，要突出以学生为中心，让学生根据自身的行动和信息反馈，形成对客观事物的认识和解决实际问题的方案；又要充分发挥教师的主导作用，引导学生在信息化环境中提升知识技能的获得、选择与运用的能力；同时还要注意运用信息技术手段促使学生主动学习，自觉建构知识和技能。以信息化环境下任务驱动式教学模式的构建为例，任务驱动式教学模式的主要程序是提出任务、分析任务、实施任务、检查评价等。

（1）教师要依据教学目标，设计提出任务，并通过信息化教学资源管理平台发布任务；

（2）学生通过学习终端接受任务，明确要求，并通过学生的分组讨论对任务进行分析；

（3）制定任务实施规划，教师启发和指导学生分工协作，同时帮助学生克服障碍；

（4）在教师指导下，将小组分工实施的任务集成起来，协作完成任务；

（5）检查评价，采取自评、互评、师评等多元化方式对学生进行综合评价。在整个过程中将信息技术和网络技术贯穿始终。这种基于信息化环境的任务驱动式教学模式充分体现了以学生为中心的小组合作学习教育理念，可以极大地提高学习效率。

（三）以信息化教学设计为引领，促进信息技术与职业教育教学的有效融合

教学设计是一项系统工程，其目的是为了追求教学效果的最优化。教师应围绕教学过程的各种要素、各个环节及其相互关系，进行科学设计，并为教学活动制订具体可行的操作程序或方案。信息化教学设计就是要充分利用现代信息技术和信息资源，科学地安排教学过程中的各个环节和要素，以实现教学过程的最优化。在新的教学模式构建过程中，不仅要重视信息技术的运用，还要注意信息化教学资源的选择；不仅要考虑课程类型和教学内容，还要结合学生的基础和教学目标等方面的实际情况。要以实现信息技术与职业教育教学的有效融合为手段，以信息化环境下的职业教学新模式的构建为支撑，通过整合创新，实现教学过程的最优化。为此，一要建立切实可行的信息化教学推进机制。积极开展信息化教学设计大赛，营造信息化教学改革的整体氛围，以赛促建、以赛促改、以赛促融。二要积极开展信息化环境下的教学模式改革创新的理论和实践研究，并组织专家对信息化教学模式的教改成果进行评价，对于成功的模式加以肯定并推广应用。三要积极构建信息化环境下的教学新模式。深刻理解信息化环境下教学模式的新内涵，通过对教学结构、教学方法、教学程序、信息化教学资源等构成要素进行设计和规划，形成符合教学目标的信息化教学模式。

（四）以信息化教学环境建设为支撑，搭建职业教育教学模式构建的平台

信息化教学环境，是信息化环境下教学模式赖以运作的条件。因此，加强信息化教学环境建设，是信息化教学模式构建的必要条件。

（1）不断完善信息技术环境。从技术层面来看，网络、视频、动画等以各自的性能影响着教学活动的组织，以各自的信息传输特点制约着信息化教学模式的展开，只有将技术层面的信息化教学环境搭建好，信息化教学的实施才能顺畅进行。

（2）准确定位信息化环境。从教学层面来看，建构主义理论所强调的情境、会话、协作等要素，构成了促进学习者的建构活动的学习环境。现代信息技术的应用不仅是作为一种辅助手段帮助教师教学，还应充分发挥信息技术的优势，营造合适的学习环境，帮助学习者学习。

（3）加强信息化环境的建设与管理。硬件环境建设好以后，要采取积极措施管理运用好硬件环境，让管理者、教学者、学习者都能对其进行充分利用，让这些信息资源活起来，使其成为信息化教学模式研究与应用的有力推手。

（五）以信息化教学资源为保障，促进信息化教学模式的构建

信息化教学资源是教学信息化得以长效开展的真正动力，建设数量充足、覆盖面广、形式多元、适应性强的教学资源是推动信息化教学开展的关键所在。学校应围绕专业群创建职业教育信息资源库，围绕技术技能型人才培养链搭建资源保障平台，围

绕学生技能水平的提升建设虚拟实训中心，围绕以城带乡促进职业教育均衡发展，构建优质资源信息共享服务机制。同时要采取购买、共建、自建等多种方式，拓宽信息化资源建设渠道，并结合学校的专业实际，组织力量开发建设校本信息化教学资源，实现教材的生动化与可视化，将单媒体变为多媒体、静媒体变成流媒体，通过体制、模式创新，有效提高资源的使用率和学生自主学习的积极性。

信息化环境下职业教育教学模式的构建，是信息技术与现代教育教学理论相结合而形成的一种教学模式的变革，它从深层次引导着职业教育教学的改革创新。作为职教工作者，只有真正理解并把握信息化环境下职业教育教学模式的内涵与特征，并在教学实践中勇于创新，才能构建出具有职业教育特色的信息化教学模式。

参考文献

[1][美]布雷特·金.智能浪潮[M].刘林德,冯斌,张百玲,译.北京:中信出版集团,2017.

[2]陈光海,汪应,杨雪平.信息化教学理论、方法与途径[M].重庆:重庆大学出版社,2018.

[3]高方银.信息化教学能力培养教程[M].成都:西南交通大学出版社,2017.

[4]韩锡斌,葛连升,程建钢.职业教育信息化研究导论[M].北京:清华大学出版社,2019.

[5]李红波.职业教育信息化教程[M].桂林:广西师范大学出版社,2013.

[6]林雯.职业教育信息化教学设计[M].北京:科学出版社,2018.

[7]刘宏,张丽.大学信息技术应用[M].西安:西北大学出版社,2019.

[8]史伟,杨群,陈志国.新时期职业教育校企合作办学模式探索[M].天津:天津科学技术出版社,2018.

[9]唐林伟.技术知识论视域下的职业教育有效教学研究[M].杭州:浙江大学出版社,2017.

[10]唐启焕,覃志奎.中职学校信息化发展的策略研究[M].北京:北京理工大学出版社,2019.

[11]闫智勇,吴全全.现代职业教育体系建设目标研究[M].重庆:重庆大学出版社,2017.

[12]张晓峰,杜军.互联网+国家战略行动路线图[M].北京:中信出版集团,2015:20.

[13]张耀嵩.高等职业教育办学体制机制研究[M].上海:复旦大学出版社,2017.

[14]职业教育信息化课题组.职业教育信息化研究导论[M].北京:清华大学出版社,2017.

[15]钟志贤.信息化教学模式[M].北京:教育科学出版社,2005:87.

[16]曹晶林.信息化背景下职业教育精准扶贫路径研究[D].湖北工业大学,2020.

[17]高铁栓.试论信息化教学模式[J].河南财政税务高等专科学校学报,2002(5):50-52.

[18] 郭福春，王忠孝 . 我国高等职业教育教学创新路径分析 [J]. 黑龙江高教研究，2015（5）：62-64.

[19] 何克抗 . 如何实现信息技术与教育的"深度融合"[J]. 课程·教材·教法，2014（2）：58-67.

[20] 侯彦明，刘丽梅 . 信息技术与职业教育教学深度融合研究 [J]. 对外经贸，2017（11）：133-160.

[21] 胡晓光 . 信息化教学模式的构建研究 [J]. 现代情报，2005（7）：213-215.

雷朝滋 . 以教育信息化全面推动教育现代化开启智能时代教育新征程 [J]. 人民教育[]，2019（2）：40-43.

[22] 李睿 . 信息技术与课程整合的新趋向 [D]. 华东师范大学，2013.

[23] 鲁昕 . 以信息化促职业教育现代化 [J]. 教育与职业，2014（48）：8.

[24] 邱金林 . 新时期广西高职院校信息化建设的战略与策略 [J]. 教育与职业，2014（35）：48-50.

[25] 石猛，刘蕾 . 我国现代职业教育体系研究：回顾与展望 [J]. 职教论坛，2014（34）：48-52.

[26] 舒底清 . 信息技术与职业教育深度融合的教学改革新探索 [J]. 湖南社会科学，2015，（5）：195-198.

[27] 王若言 . 职业教育信息化建设与发展研究 [D]. 湖北工业大学，2015.

[28] 王晓燕 . 建构主义教学理论与信息化教学模式的构建 [J]. 现代情报，2006（2）：184-186.

[29] 王正青，唐晓玲 . 信息技术与教学深度融合的动力逻辑与推进路径研究 [J]. 电化教育研究，2017（1）：94-100.

[30] 魏民 . 提高职业教育信息化水平 加快推进现代职业教育体系建设 [J]. 中国职业技术教育，2014（21）：221-226.

[31] 杨宗凯，杨浩，吴砥 . 论信息技术与当代教育的深度融合 [J]. 教育研究，2014（3）：88-95.

[32] 岳园杰 . "互联网＋"时代大数据在职业教育领域中的应用与展望 [J]. 职业，2017（10）.

[33] 詹青龙 . 信息技术教师培训模型研究 [D]. 华东师范大学，2007.

[34] 张一春 . 微课建设研究与思考 [J]. 中国教育网络，2013（10）：28-31.

[35] 张羽婕 . "抖音"微视频课内外一体化教学模式的构建 [J]. 职业，2018（27）：89-90.

[36] 赵慧臣，张华，文洁 . 信息技术与教学深度融合中技术使用问题的哲学分析 [J]. 电化教育研究，2014（12）：60-65.

[37] 钟广锐，郑春燕.移动学习在高校课程教学中的应用研究 [J].嘉应学院学报，2014，32（3）：82-86，2.

[38] 左明章，卢强，杨浩.协同推进机制创新：促进信息技术与教育深度融合的可能之路 [J].现代教育技术，2017（4）：59-66.

[39] 陈琳.智慧新时代呼唤"新"教师 [N].光明日报，2018-09-08（6）.

[40] 蒋东兴，刘臻，沈富可，等.高校智慧校园建设呼唤 CIO 体系 [J].中国教育信息化，2016（7）：1-5.

[41] 江玉梅，邢西深，佟元之.2.0 时代的职业教育信息化现状、问题与发展路径 [J].中国电化教育，2020（7）：119-124.

[42] 胡支农，苏平.推进信息技术与电大非学历继续教育深度融合的策略分析 [J].南京广播电视大学学报，2013，（1）：4-7.

[43] 陈琳.中国职业教育信息化创新特色研究 [J].现代教育技术，2014，24（3）：12-18.